TRANSFORMANDO PENSAMENTOS EM AÇÃO

Arnold Fox
Barry Fox

TRANSFORMANDO PENSAMENTOS EM AÇÃO

Tradução
RODOLFO EDUARDO KRESTAN

EDITORA CULTRIX
São Paulo

Título do original:
Beyond Positive Thinking
Putting Your Thoughts into Action

Originalmente publicado nos Estados Unidos em 1991
por Hay House, Inc., Carson, CA, USA.

Edição	Ano
1-2-3-4-5-6-7-8-9	96-97-98-99

Impresso em nossas oficinas gráficas.

ÍNDICE

Este livro é dedicado a
MARTIN ALLEN BRUMER

AGRADECIMENTOS

Arnold Fox, M.D.

Muitos contribuíram para minha educação médica, mas alguns foram especialmente importantes durante meus primeiros anos como estudante na University of Health Sciences. Entre eles estão os doutores Verner Ames, Milton Steinberg e Elias Zirul, o detetive médico.

O dr. Luther Swift ensinou-me o valor da paciência. "Aguarde", dizia ele. "O bebê vai nascer quando estiver pronto."

Eu me recordo de outros, incluindo o reitor e presidente da universidade, que permitiu que eu continuasse estudando mesmo quando não tinha condições de pagar as mensalidades. E também do falecido Grover Gillum, que me ensinou a dar mais valor à sabedoria do que ao conhecimento.

O dr. Dorsey Hoskins lecionava patologia com mão forte e ao mesmo tempo com amor. No final do ano, ele costumava traçar um pequeno círculo no quadro-negro. "Isso é o que vocês sabiam quando começaram o curso", dizia ele. "Suas fronteiras com o desconhecido eram pequenas. Agora, vocês sabem tudo isto", continuava, traçando um círculo maior. "Agora vocês sabem menos porque as fronteiras com o desconhecido são maiores. E quanto mais vocês sabem, mais entendem que existe muito mais a aprender."

Foi uma lição inesquecível.

Mr. Ewing Kaufman, fundador da Marion Labs (a atual Marion Merrell Dow, Inc.), me deu, quando eu era um impetuoso jovem de vinte e quatro anos, a oportunidade de vender produtos farmacêuticos.

Graças a ele, continuo vendendo, mas agora vendo Entusiasmo, Fé, Amor, Perdão e Perseverança.

Mais tarde, no Los Angeles County Hospital e na University of California, em Irvine, continuei aprendendo. Victor Kovner, Sr., ensinou-me que não saber não chega a ser um problema, mas que não tentar descobrir é um crime. Marvin Kaplan, mais tarde chefe do setor de cardiologia do St. Vincent's Hospital de Los Angeles, ensinou-me que um bom cardiologista é determinado pelo que tem na cabeça, e não por máquinas e medicamentos.

Diversas pessoas, como o falecido Hans Selye, M.D., e o dr. Linus Pauling, me ensinaram e instruíram. Ainda hoje, pessoas maravilhosas como Robert Eliot, M.D., Richard Weiner, Ph.D., diretor executivo da American Academy of Pain Management, e C. Norman Shealy, M.D., continuam me ensinando que a cura pode ocorrer de muitas maneiras diferentes.

Agradeço a todos, e envio a todos as minhas saudações.

Barry Fox, Ph.D.

Relembrando todos os mestres que tive através dos anos, recordo especialmente de Janey Place, Ph.D., e de James Bierman, Ph.D., da University of California em Santa Cruz, e de David Milton da University of Southern California. Em não me lembro de fatos ou de teorias específicas que eles me ensinaram — mas jamais esquecerei como eles me encorajaram e desafiaram. Qualquer professor pode forçar os alunos a memorizar algumas centenas de fatos. Mas é preciso alguém muito especial para dar aos estudantes o dom de sonhar.

Eu e meu pai gostaríamos de agradecer aos nossos agentes, Jim e Rosalie Heacock, que nunca deixam de demonstrar alegria e entusiasmo. Eles são excelentes campos de ressonância, onde podemos testar nossas idéias (que nem sempre são muito boas).

Finalmente, gostaria de agradecer a Jeffrey Davidson, DTM, sem a ajuda de quem este livro não teria sido possível.

OBSERVAÇÃO PARA O LEITOR

Este livro é o resultado de uma colaboração íntima entre Fox pai e Fox filho. Os casos mencionados e as experiências pessoais às vezes envolvem Arnold, outras vezes Barry, ocasionalmente ambos os autores. Por motivos de conveniência e de clareza do texto, usamos como "eu" a voz de Arnold Fox, M.D., no texto inteiro.

CAPÍTULO UM

ALÉM DO PENSAMENTO POSITIVO

"Mesmo se você estiver no caminho certo, acabará sendo atropelado se apenas ficar sentado lá."

— Arthur Godfrey

"O pensamento positivo é uma fraude cruel." Mal pude acreditar nos meus olhos quando li isto numa carta endereçada "aos drs. Fox" (Barry e eu). Algumas pessoas parecem achar que o pensamento positivo é um resquício, uma sobra dos anos sessenta. Outras acham que é uma coisa agradável, mas que não chega a ter nenhum efeito real sobre nossa saúde ou nossa vida. Não obstante, a maioria das pessoas concorda que nossos pensamentos influenciam fortemente nossa saúde e nossa vida. Nunca tínhamos ouvido ninguém dizer que o pensamento positivo é uma fraude cruel.

Falando em termos genéricos, a opinião pública e as pesquisas científicas apóiam a idéia de que existe uma forte ligação entre a mente e o corpo, onde os eventos de um afetam e influenciam o outro. Existe um campo inteiramente novo da ciência médica, iniciado há uns doze anos, dedicado ao estudo das relações existentes entre os pensamentos e o sistema imunológico, a química sangüínea, o coração e outras partes do corpo.[1] Barry e eu já escrevemos bastante sobre o pensamento po-

1. Psiconeuroimunologia.

sitivo e o sistema imunológico, o coração, o colesterol, nossa saúde e nossa vida de um modo geral. E normalmente temos uma recepção positiva.

O Reverendo Norman Vincent Peale, freqüentemente chamado de "pai do pensamento positivo", nos fez a gentileza de escrever a introdução para um dos nossos livros (*Wake Up! You're Alive*). Mais tarde, ele publicou trechos desse livro na sua maravilhosa revista intitulada *Plus — The Magazine of Positive Thinking.* O artigo, intitulado "Tenha Fé", apresentava a seguinte questão: *"Será que a fé pode ajudar você a recuperar a saúde, a levar uma vida feliz e a se tornar um vencedor?"* A resposta, evidentemente, era: *"Pode apostar que a resposta é positiva..."*

Barry e eu ficamos muito orgulhosos quando o dr. Peale selecionou trechos do nosso livro para serem citados na sua revista. Recebemos muitos comentários favoráveis. Uma mulher resolveu deixar sua cama num hospital de Minnesota e pegou um avião para Los Angeles, em busca do que ela chamou de "o remédio do pensamento". No entanto, enquanto estávamos nos dando os parabéns, recebemos uma carta comovente de uma atribulada mulher francesa. Ela escreveu:

Prezados drs. Arnold e Barry Fox,

Li o artigo intitulado "Tenha Fé". Também li o livro Wake Up! You're Alive*, escrito pelos senhores.*

Eu costumava acreditar muito no pensamento positivo. Atualmente, acho que é um grande engodo. Pense que você pode, e você pode? Acredite que acontecerá, e acontecerá? O pensamento positivo não é melhor do que o "Elixir da Saúde do dr. Goodfeel", um remédio que mascates costumavam oferecer antes de serem expulsos das cidades.

Engravidei cinco vezes e tudo sempre terminou em aborto involuntário. Durante a última gravidez, recebi um novo tratamento do meu médico. Eu realmente acreditava que isso iria ajudar. Eu acreditava com todo o meu coração. Eu realmente acreditava que finalmente teria um filho. Eu estava enganada. O pensamento positivo não é suficiente! O pensamento positivo é uma fraude cruel.

Por favor, reconsiderem seus conselhos a respeito do pensamento positivo.

Eu imediatamente mostrei esta carta a Barry, o terceiro dos meus sete filhos. Depois de ler a carta, Barry concordou que deveríamos reconsiderar nossos conselhos referentes ao pensamento positivo. É algo essencial, disse ele, e queremos que todos pensem de forma positiva, mas às vezes isso não é suficiente.

A crença revestida de açúcar

Quase todos concordamos que os pensamentos negativos podem levar a doenças físicas e a distúrbios emocionais. E o pensamento positivo? Será que o pensamento positivo é capaz de compensar o pensamento negativo? Será que o pensamento positivo, sozinho, será capaz de melhorar a sua saúde física e emocional? Será que ele pode aumentar o tamanho da sua conta bancária? A resposta é inequivocamente e absolutamente sim — às vezes.

Podemos provar que o pensamento positivo é uma das forças mais poderosas que existem dentro do corpo humano. Mais adiante, examinaremos vários estudos emocionantes que ilustram a associação existente entre nossos pensamentos e o sistema imunológico, o coração, os hormônios, e até mesmo o nível de colesterol. Por enquanto, considere apenas o humilde placebo, a "pílula de açúcar sem valor" que nós, médicos, usamos para testar novos remédios. Alguns dos pacientes incluídos no estudo recebem o "remédio de verdade", ou seja, o remédio que está sendo estudado, enquanto outros recebem um placebo com aparência e sabor idêntico ao remédio. Os pacientes não são informados se estão tomando o remédio ou o placebo.

Alguns remédios funcionam com freqüência, outros funcionam raramente, mas o placebo sempre funciona em trinta por cento ou mais dos pacientes que sofrem de todos os tipos de doenças e problemas. E, às vezes, a "pílula de açúcar" acaba registrando um índice de "cura" de até sessenta por cento!

O placebo é uma "pílula de açúcar". Ela não é coisa alguma — apenas a crença do paciente de que ela irá funcionar. É uma crença revestida de açúcar. E, em incontáveis estudos, o placebo conseguiu provar que o pensamento positivo é um remédio extremamente poderoso.

Será que o pensamento positivo pode ajudar você a se tornar uma pessoa mais saudável, a levar uma vida feliz e a ser um vencedor? Você pode apostar que a resposta é positiva — às vezes. Vamos reconsiderar nossos conselhos a respeito do pensamento positivo, propôs Barry. Vamos dizer às pessoas que o pensamento positivo é como a gasolina: um tanque cheio de nada servirá enquanto não colocarmos o pé no acelerador e começarmos a dirigir o automóvel. O pensamento positivo torna a ação possível: a ação traz vida aos nossos bons pensamentos. Pensamento positivo, ação positiva.

Dançando na centrífuga

O pensamento positivo causou desapontamento à mulher francesa que queria muito ter um filho. O que dizer sobre a ação positiva? Telefonei para meu amigo Jeff Steinberg, M.D., F.A.C.O.G., em Encino, na Califórnia. Especialista em endocrinologia reprodutiva e esterilidade, Jeff é diretor do Invitro Fertility Program do AMI Medical Center, e também dirige o Encino Fertility Institute. Conheci Jeff quando ele ainda era um garoto; sua mãe foi uma das minhas melhores amigas no sul de Filadélfia. Atualmente, Jeff é um dos maiores especialistas norte-americanos em fertilização *in vitro* (os assim chamados bebês de proveta).

Depois que descrevi a dificuldade encontrada por essa mulher, Jeff me disse: "Arnie, ultimamente têm sido realizadas descobertas extraordinárias a respeito do que 'não dá certo' em mulheres que sofrem de constantes abortos involuntários. Acreditávamos que, na maioria das vezes, havia ou um problema com o feto, ou alguma coisa de errado com o ambiente fornecido pela mãe e dentro do qual o feto precisava se desenvolver. Mas constatamos que estávamos errados, que essas raramente são as causas de abortos involuntários múltiplos.

"Descobrimos que o problema está na interação entre os tipos de tecido da mãe e do pai. Uma parte do tecido de tipo paterno, que também é encontrado no feto, normalmente deve 'avisar' a mãe de que ela engravidou. Devidamente informado, supõe-se que o sistema imunológico da mãe se torne 'tolerante' em relação à gravidez. Ou seja, supõe-se que o seu sistema imunológico reconheça que, apesar de o novo feto ser 'estranho' a ela, não deve ser atacado.

"Na maioria das mulheres que sofrem constantes abortos involuntários, o tipo de tecido paterno é tão semelhante ao tipo de tecido da mulher, que esse sinal de 'tolerância' não chega a ser enviado à futura mãe. E sem esse sinal, a mãe deixa de produzir uma mensagem normal de 'bloqueio', que avisa seu sistema imunológico para não atacar o feto. Não são produzidos anticorpos protetores de bloqueio. E o sistema imunológico ataca o feto como se este fosse um inimigo.

"Através da 'imunização' da mulher com uma proteína específica do esperma do marido, podemos induzir seu sistema imunológico a produzir os tão críticos anticorpos de bloqueio que posteriormente irão impedir que esse sistema imunológico ataque o feto. Esta abordagem da imunização pode ajudar até oitenta e oito por cento das mulheres que tiveram três ou mais abortos involuntários a tornar a engravidar."

Enviei cópias dos estudos para a mulher, aconselhando-a a mostrá-los ao seu médico na França. Mais de um ano depois, recebi uma fotografia dela ao lado do marido e da filha recém-nascida.

Esta mulher teve de ir além do pensamento positivo para poder ter o bebê tão desejado. A positividade foi a base, e a ação foi o instrumento. É bem verdade que para mim, como médico, foi mais fácil encontrar a ação correta neste caso. Eu sabia a quem telefonar. Mas ela mesma também poderia ter feito isto. Talvez fossem necessários muitos telefonemas e muitas cartas, mas, mais cedo ou mais tarde, ela acabaria encontrando os estudos que a ajudaram a ter um filho.

O pensamento positivo é importante; ele é absolutamente necessário. Sem uma perspectiva positiva, não iremos sequer tentar. Essa mulher francesa desistiu de procurar uma solução porque havia perdido sua positividade. Mas se não agirmos não veremos progresso, e nossa crença positiva desaparecerá muito depressa. Pensamento positivo, ação positiva.

AÇÃO NOVE MIL VEZES REPETIDA

"Faça o que puder, com o que tem e onde está."
— Theodore Roosevelt

A ação é capaz de fazer milagres. No verão de 1989, encontrava-me num grande salão de convenções em Dallas, no Estado do Texas, ouvindo a palestra de um jovem a respeito de ação e coragem. Seu nome era W. Mitchel. Alguns anos antes, ele tomara aulas de pilotagem. Certo dia, voltando do aeroporto para casa de motocicleta, foi atingido por um caminhão. Mitchel ficou preso debaixo de sua moto, mas não sofreu ferimentos graves. Ele pensou que não haveria grandes problemas, quando de repente sua moto se incendiou, queimando-lhe o corpo inteiro. Por sorte, o motorista de um caminhão que passava por ali pisou no freio, pegou o extintor e apagou as chamas antes que elas matassem Mitchel. Logo em seguida, chegou a ambulância de emergência e ele foi levado a um hospital.

As dores de queimaduras são horríveis. Já vi muitos pacientes queimados debatendo-se em agonia nos leitos de hospital, implorando por morfina, gritando por socorro, querendo morrer. Eu me lembro de um homem com queimaduras horríveis no meu tempo de estudante. Ele estava — não sei de que outra forma eu poderia descrevê-lo — preto de tão queimado; sua pele e seus músculos tinham sido destruídos pelo fogo. Sentindo ao mesmo tempo repulsa e fascínio, estendi lentamente a mão até o dedo do seu pé, tocando-o do modo mais suave que me foi possível. No momento em que toquei no dedo, ele se desprendeu e se transformou em cinza diante dos meus olhos horrorizados.

Mitchel nos contou que conseguiu se recuperar, tão bem quanto isto é possível para alguém que tenha sofrido queimaduras tão graves. As cicatrizes nunca se fecharam completamente, e ele também perdera alguns dos dedos, mas as coisas estavam começando a melhorar. Ele aprendeu a aceitar as cicatrizes que o desfiguravam e a suportar os olhares dos outros. Seus negócios floresciam, sua vida social era boa. Ele retomou as aulas de pilotagem, tirou vários brevês e teve notas excelentes.

Certo dia, levando alguns amigos para um passeio no seu avião, alguma coisa não funcionou como deveria ter funcionado. Eles mal tinham decolado da pista, estavam a apenas uns trinta metros de altura, quando o desastre ocorreu. O avião caiu feito uma pedra. Assim que o aparelho tocou no solo, Mitchel, preocupado com a possibilidade de incêndio, gritou aos seus companheiros: "Saiam! Saiam depressa!" Rapidamente todos se colocaram em segurança, e depois foi a vez de Mitchel. Ele começou a se movimentar, mas nada acontecia. Ele não conseguia atinar com os motivos e achou que teria de se esforçar mais. Continuou tentando, fez todos os esforços imaginários, mas seu corpo não reagia. Ele não conseguia compreender os motivos pelos quais não conseguia sair dos destroços; afinal, nada o prendia. Foi então que começou a entender: ele estava paralisado. Esforço algum faria com que suas pernas se movessem.

Durante os dias e as semanas que se seguiram, ele constantemente perguntava a si mesmo: "Por que eu? O que eu fiz para merecer isto?" Durante todos os exames, todas as consultas com os médicos e todas as terapias, ele se perguntava o tempo todo: "Por que eu?"

E agora, no verão de 1989 ele estava sentado à nossa frente numa cadeira de rodas, falando diante do auditório lotado. Nós estávamos vendo e ouvindo um homem forte, um homem que nunca permitiria que nada o detivesse. Todos prendemos a respiração quando ele disse: "Eu costumava ser capaz de fazer dez mil coisas diferentes." E quando ele concluiu: "Agora, posso fazer apenas *nove* mil", todos nos levantamos e o aplaudimos de pé. Esta última frase foi dita com um sorriso, e com muito orgulho, porque ele estava nos dizendo que continuava vivendo sua vida ao máximo, com todas as atividades possíveis, apesar da cadeira de rodas. "E se eu conseguir fazer pelo menos uma fração destas nove mil coisas das quais sou capaz, então estou vivendo plenamente."

Queimado, sem alguns dedos, paralisado e preso a uma cadeira de rodas, Mitchel continua sendo um homem de ação. Quantos dentre nós são capazes de fazer nove mil coisas? Com as duas pernas funcionando e sem termos sofrido grandes queimaduras, quantos dentre nós fazem nove mil coisas? Quantas coisas fazemos, de quantas ações somos capazes? Dez coisas, vinte, cinqüenta, cem? Este é o limite que, sem perceber, impomos à nossa vida. Muitos de nós nem sequer conseguem *pensar* em nove mil coisas; muito menos pensam em *fazê-las.* Mitchel não se preocupava com as coisas que não poderia fazer. Seus olhos estavam voltados para as coisas que *poderia* realizar. Mitchel podia enxergar nove mil coisas a serem feitas. E as outras mil coisas, as coisas que ele não podia mais fazer? Ele não desperdiçava um único pensamento sequer com elas.

Se é que alguém já teve o direito de se trancar num quarto escuro e amaldiçoar o mundo, esse alguém foi Mitchel. Mas ele era um homem que pensava de modo positivo. Ele acreditou que as coisas iriam melhorar. Acreditou que podia se recuperar — e que ele se *recuperaria.* E Mitchel realmente se recuperou, porque entrou em ação. Ele se submeteu a tratamentos médicos, continuou com as aulas de vôo, voltou ao trabalho.

O pensamento positivo foi essencial para a recuperação de Mitchel — mas representou apenas metade da equação. Pensamentos positivos *mais* ação positiva.

PENSAMENTOS POSITIVOS, AÇÃO POSITIVA, A PESSOA PPAP

> *"Se algum dia você precisar de uma mão que o ajude, saiba que poderá encontrá-la na extremidade do seu braço."*
>
> — Provérbio judeu

Durante meus trinta e tantos anos praticando a cardiologia e a medicina interna, tive oportunidade de ver um grande número de pessoas usando seus pensamentos positivos para derrotar doenças e para provocar reviravoltas em suas vidas. Quando Barry e eu viajamos pelo país, as pessoas nos dizem que o pensamento positivo é um remédio. Mas muitas outras acrescentam que ele não é suficiente. Elas dizem que tentaram pensar de forma positiva, que recitaram inúmeras afirmações positivas todos os dias, mas não conseguiram se livrar do negativismo, das dúvidas, da raiva, do medo e das frustrações. Elas sabiam que seus pensamentos eram uma chave importante para sua saúde, mas simplesmente não eram capazes de *usar* essa chave.

"Quero mais", nos diziam. "Quero fazer nove mil coisas. Está bem, concordo com apenas cinco mil. Eu quero um outro método, eu quero algo mais."

Para muitas pessoas excelentes, como aquela francesa que tanto desejava ter um filho, o pensamento positivo não foi suficiente. O "algo mais" que tantos de nós necessitamos é a ação.

Criar fatos

Todos dentre nós que acham que o pensamento positivo não é suficiente, precisamos acrescentar ação à equação. Pensamentos positivos, ação positiva. A procura da resposta é uma ação positiva. Perdoar alguém é uma ação positiva. Candidatar-se a um novo emprego, desenvolver uma nova habilidade, formular as perguntas certas, ir a algum lugar; todas estas coisas podem ser ações positivas. Desejar conseguir a resposta, sabendo que a resposta está lá fora em algum lugar, já é um grande começo. Agora precisamos sair em busca dessa resposta.

Agimos com a finalidade de "criar fatos". O fato de que somos incapazes de ter filhos é inaceitável. Entramos em ação para criar um novo fato. A resposta nem sempre está disponível, e ela também pode não ser a resposta que queríamos. Mas se não agirmos, não encontraremos as respostas corretas que geralmente se encontram lá fora. Anos atrás, Hannah, minha esposa, e eu fomos atingidos pela triste constatação de que o nosso terceiro filho seria forçado a passar a vida numa situação de cegueira quase total. Todos os especialistas nos disseram que isso era um fato consumado. Eu ainda estava estudando e acreditei neles. Hannah não. Ela acreditava intensamente que Steven, algum dia, de alguma maneira, seria capaz de enxergar. Ela acreditava nisso, e ponto final. Cada um dos muitos "nãos" que ela ouviu de grandes e pequenos médicos a levaram mais perto do "sim" que acabou restituindo a visão do nosso filho. Os pensamentos positivos juntamente com a ação positiva finalmente a encaminharam até um médico que tinha uma nova idéia. Trinta anos depois, enquanto escrevo este texto, Steven e seu sócio estão correndo para decorar seu novo escritório de advocacia, o Laing and Fox. Por que essa pressa toda? Steve tem outros compromissos; ele vai jogar tênis à noite.

Todos nós acreditamos

"É uma excelente história", costumam dizer alguns quando eu lhes conto como minha mulher vasculhou o mundo em busca de uma solução para recuperar a visão de Steve. "Mas ela já tinha o pensamento positivo. É fácil agir quando já se dispõe da fé, mas este não é o meu caso."

Todos temos fé. A maioria de nós tem uma fé tremenda. Infelizmente, muitos de nós têm fé negativa. Nós *sabemos* que tal coisa não vai dar certo, *sabemos* que não estamos à altura, *sabemos* que vamos fracassar. Nós acreditamos. Mas acreditamos nas coisas erradas. Muitas das coisas ruins que provocamos em nossa vida poderiam ser transformadas em coisas boas, desde que concentrássemos o tremendo poder da nossa fé numa direção diferente.

Mitchel, o piloto, tinha uma fé tremenda e mergulhou na ação. Mas e se tivermos uma fé negativa, e se encontrarmos dificuldade em agir? Será possível modificar nossa fé? Será que podemos acabar com este vício em relação a coisas negativas? Você pode apostar que sim! Com ação. Mas às vezes torna-se necessário um tipo diferente de ação.

A luz sempre brilha na escuridão

Aprendi a respeito de fé e de ação, um tipo muito incomum de ação, com uma mulher pequena e de aparência frágil, que conheci há muitos anos, assim que terminei meus estudos de medicina. Sally, uma sobrevivente dos campos de concentração nazista, estava entre cerca de outras vinte mulheres numa grande enfermaria hospitalar, morrendo de câncer. Sua pele tinha o aspecto de cera e seus cabelos curtos pendiam lisos e sem vida, mas era óbvio que, em outros tempos, ela fora uma mulher bonita.

Sally era considerada uma paciente muito problemática, principalmente naqueles tempos, em que se supunha que as pessoas deveriam sempre se submeter docilmente a qualquer tratamento (ou falta de tratamento) que nós médicos julgássemos apropriado a elas. Sally "não cooperava". Ela fazia questão de saber o que havia dentro de cada seringa antes de permitir que a enfermeira lhe aplicasse uma injeção; ela insistia em justificativas para cada exame antes de concordar em fazê-lo; ela precisava saber quais os supostos efeitos de cada um dos medicamentos que lhe eram ministrados. Ela se queixava da comida, do ar parado na enfermaria, da cama desconfortável. E, estranhamente, fazia questão absoluta de ter sempre uma vela acesa na mesa ao lado de sua cama. Todas as vezes que passei pela sua cama, havia uma vela acesa. Eu supunha que o motivo deveria ser uma espécie de conforto religioso.

Os médicos, as enfermeiras e os técnicos logo descobriram que era mais fácil concordar com as exigências dela do que transformar cada item numa grande discussão. Além do mais, todos "sabiam" que lhe restava pouco tempo de vida. Percebi que um dos médicos mais antigos tinha rabiscado a expressão "SDTH" no seu prontuário. "SDTH" significava "start digging the hole", ou seja, "comecem a cavar o buraco". Era o estilo dele para informar aos demais médicos que se tratava de um caso sem nenhuma esperança.

Certa madrugada, quando quase todos já tinham ido para casa e apenas uma ou duas enfermeiras cuidavam das vinte pacientes, e quando os roncos se misturavam a tosses abafadas, gemidos e soluços, fiquei sentado ao lado da cama de Sally ouvindo-a contar histórias do tempo que passara nos campos de concentração. "Eu era uma prisioneira política", disse-me ela, "uma garota tola, presa com meus companheiros antes mesmo de termos feito alguma coisa, o que mostra como éramos incompetentes."

Depois de me ter descrito algumas de suas aventuras, eu lhe perguntei como conseguira sobreviver aos campos de concentração, tentando imaginar uma jovem arrastada para fora de um trem ou de um caminhão e jogada num verdadeiro inferno. Eu queria saber como alguém sobrevivia à inanição, aos espancamentos brutais, ao excesso de trabalho, ao frio do inverno com a proteção de apenas alguns trapos.

Sally me contou que os sobreviventes foram aqueles que acreditaram que iriam sobreviver. Atualmente, diríamos que eram pessoas imbuídas de pensamentos positivos. Os que não acreditavam, explicou-me ela, sucumbiam rapidamente e morriam. Mas os que tinham fé ficavam com as antenas constantemente ligadas, negociando e planejando cada migalha de pão a mais, cada pedaço de pano ou de papel que lhes permitisse gozar de um pouco mais de calor e conforto, um catre melhor, uma lasca de sabão com o qual pudessem se lavar. Os que tinham fé agarravam-se a cada pequena coisa que conseguissem encontrar.

Os que não acreditavam na própria possibilidade de sobrevivência tinham uma expressão diferente nos olhos, explicou ela. Era possível ver que eles tinham fé, mas era uma fé negativa. Eles *sabiam* que estavam indo para a morte. Eles nunca procuravam aquela migalha a mais para comer, ou pedaços de papel que pudessem ser enfiados dentro dos sapatos para aquecer os pés machucados e sangrentos. E os que não prestavam atenção a essas coisas, obviamente, nunca viam suas oportunidades. Até mesmo num campo de concentração havia algumas — poucas, é verdade — mas *algumas* oportunidades.

"Então você deve ter acreditado que sobreviveria desde o começo", comentei, espantado com a força da jovem Sally.

Sua resposta me deixou estarrecido. "Não. Eu pensei que morreria na primeira semana. Algumas das outras mulheres tentaram me ensinar como sobreviver, mas eu sabia que iria morrer. E nem tentei fazer as coisas que elas diziam."

"Se você não tentou, como conseguiu ficar viva?"

No seu estilo repleto de circunlóquios (tão frustrante para um jovem que queria respostas imediatas!), Sally me contou como sua fé deixou de ser negativa para se tornar positiva. Uma mulher mais velha, veterana no campo de concentração, fez com que Sally se juntasse a ela num pequeno ritual que ela realizava todos os dias pela manhã e à noite. Escondendo-se dos nazistas durante alguns segundos duas vezes por dia, essa mulher acendia uma vela imaginária com um fósforo também imaginário. Depois de colocar a vela imaginária num castiçal inexistente, ela dava um passo para trás, admirando a chama que não estava ali. Cercada por mulheres imundas, famintas e doentes, que provavelmente não conseguiriam sobreviver ao próximo inverno, com o cheiro da morte sempre presente nas narinas, ela completava o ritual murmurando: "A luz sempre brilha na escuridão."

Essa mulher esquelética, enfraquecida por sabe-se lá quantos anos no campo de concentração, forçou Sally a "acender" a sua própria vela imaginária sempre que tivesse uma oportunidade para isso. As duas geralmente "acendiam" suas velas num processo inteiramente mental, enquanto aguardavam a contagem na fila, enquanto marchavam para o trabalho ou voltavam dele, enquanto estavam deitadas nos seus catres à noite.

"O engraçado, ou estranho", disse Sally, "é que, de algum modo, aquela bobagem me fez acreditar que eu seria capaz de sobreviver. Você é médico e deve saber melhor destas coisas, mas eu acho que o que nós fazemos pode mudar o que nós pensamos. Mesmo que não acreditemos nisto no princípio. É por este motivo que faço questão de manter a vela acesa comigo agora. Acender uma vela de verdade é ainda melhor do que acender uma vela apenas imaginária. Eu a acendo todos os dias e digo: 'A luz sempre brilha na escuridão.' É assim que vou sobreviver a este câncer."

Sinceramente, eu achei que ela era um pouco maluca. Tendo acabado de concluir meu período de residência em medicina interna, eu estava informado a respeito dos remédios e procedimentos mais recentes. Eu sabia, como fato comprovado, que acender velas imaginárias não era algo capaz de modificar um detalhe sequer da química do corpo. Alguns minutos mais tarde, fui chamado para atender a uma emergência em outra parte do hospital. Envolvido por um redemoinho de pacientes e de consultas, e também tendo de me deslocar constantemente de hospital para hospital, acabei esquecendo Sally e sua vela. Alguns dias mais tarde, percebi que sua cama estava ocupada por outra paciente. Pensei em perguntar à enfermeira o que acontecera com aquela mulher difícil e suas velas, mas me esqueci de fazê-lo. E nunca descobri o que aconteceu com ela.

Eu estava ocupado demais naquele tempo para lembrar novamente do assunto. E naquele tempo eu também não conseguia compreender como uma garota poderia se salvar através de uma vela que existia apenas em sua mente. Anos mais tarde, quando pessoas me perguntavam a melhor maneira de agir apesar de não terem fé, eu sempre me lembrava de Sally e de sua vela imaginária. E também me lembrava da vela real que ela insistia em ter à sua cabeceira. Acender uma vela era uma ação. Mas, em vez de modificar o mundo exterior, esta ação tinha por finalidade mudar o mundo interior de Sally, o mundo dos pensamentos. No início, ela não conseguia agir porque não acreditava.

Por isso ela agiu no sentido de criar uma fé, e depois iniciou as ações necessárias para a sobrevivência.

A luz sempre brilha na escuridão. A luz das nossas ações pode brilhar na escuridão da nossa falta de fé.

Dois tipos de ação

Mitchel, o piloto, era um homem repleto de ação. Ele era capaz de fazer nove mil coisas. Sua ação era direcionada para fora, orientada para metas específicas. Ele se submeteu a terapias físicas depois dos acidentes, voltou a trabalhar, continuou com as aulas de vôo. Ele tinha pensamentos positivos e adotou ações positivas.

Existem outros tipos de ações, igualmente poderosas, mas diferentes no conteúdo e na intenção. Acender uma vela imaginária, criando uma minúscula chama suficientemente forte para iluminar a escuridão de um campo de concentração, é uma ação muito poderosa. Mas trata-se de uma ação simbólica, direcionada para dentro. Em vez de modificar alguma coisa no mundo "real", esse tipo de ação procura mudar nosso mundo "interior".

A ação de Mitchel é voltada para fora, a de Sally, para dentro. Mitchel age porque acredita. Sally agiu para poder acreditar. No decorrer dos tempos, pessoas como Sally elaboraram suas próprias ações simbólicas, muito pessoais e voltada para o próprio interior, com a finalidade de dar vida aos seus pensamentos positivos.

Todas as manhãs, uma mulher em fase terminal de câncer, uma mulher que nós já tínhamos desenganado, pegava uma linda taça de vinho, que ostentava a inscrição: "Minha Taça Transbordou." Deitada na cama do hospital, ela enchia a taça de água, deixando que essa água escorresse pela sua mão. Ela não apenas dizia a si mesma que sua taça tinha transbordado; ela via e sentia isso. Ela foi além de fé e da crença com a finalidade de tornar seus pensamentos palpáveis. A equipe médica recomendou que ela fosse morrer em sua própria casa. Ela insistiu em se submeter a uma cirurgia, suficiente para provocar sua morte, e viveu. Ela derrotou o câncer que os médicos tinham declarado ser incurável. Tal como Sally, essa mulher cancerosa usou a ação simbólica e direcionada para dentro para criar a crença de que seria capaz de sobreviver.

A ação "interior" é como pintar uma imagem daquilo que gostaríamos que acontecesse. A ação "interior" tem como finalidade fazer aparecer as condições e, também, a crença, a fé, que torna outras ações possíveis. A ação "interior" é um comando para se acreditar, um comando que pode ser escrito, tal como numa pedra, dentro do nosso subconsciente.

Eu me lembro do caso de uma jovem mulher com problemas de desenvolvimento, que tinha no seu quarto uma caixa de sapatos repleta de pequenas pedras polidas. Todos os dias, ela enfiava as mãos na caixa e retirava dela dois punhados de pedras. Cada uma destas pedras representava alguma coisa que ela era capaz de fazer. Nunca aceitando a vida limitada à qual ela estaria condenada, como muitas pessoas insistiam, esta mulher fazia questão de pegar novos punhados de "possibilidades" todos os dias, com a finalidade de lembrar a si mesma que a vida era tão grande quanto suas crenças. Sim, ela nascera com limitações, mas todos os dias apanhava novos punhados de possibilidades, e desse modo, diariamente conseguia dar outro passo figurativo para a frente.

Acender uma vela ou encher uma taça até que ela transborde não basta, em si, para fortalecer o sistema imunológico, da mesma maneira que segurar um punhado de pedras polidas não nos torna mais inteligentes ou habilidosos. Estas ações são símbolos — não, elas são mais do que símbolos; são representações concretas de pensamentos, são projeções, imagens mentais que se tornaram reais. São imagens do pensamento: imagens vivas, em movimento, palpitantes e tridimensionais do nosso efêmero mundo interior. A mulher que conseguiu superar o câncer me contou que sua ação (encher a taça até que ela transbordasse) não apenas espelhava, como também fortalecia a sua fé. Às vezes, disse ela, a ação servia para criar novas camadas de fé, de crença. "Depois que o quinto médico me disse, em essência, que o melhor seria voltar para casa e morrer", explicou ela, "passou a ser um bocado difícil ter pensamentos maravilhosos. Por isso comecei a agir. Peguei minha taça e deixei que ela transbordasse. Eu a observava transbordar. Sentia a água escorrer pela minha mão por bastante tempo. Finalmente, comecei a pensar novamente na possibilidade de viver."

As ações "interiores" lidam com o possível, com o desejado, com o futuro. Isto ajuda a criar a fé que torna a ação possível. Você enche a sua taça até que ela transborde depois de ter sido informado que o câncer esgotara suas possibilidades de viver, porque sente a necessidade de criar a fé. Você acende uma vela na escuridão porque não consegue enxergar as possibilidades de sobrevivência.

Algumas pessoas encaram com desprezo este tipo de ação "interior". Elas dizem que é uma simples bobagem típica dos anos sessenta. Como é que a ação de acender uma vela ou de despejar água numa taça poderia ter efeitos comparáveis aos de um antibiótico ou de uma cirurgia? Como veremos mais adiante, as ações, tanto internas quanto externas, podem muito bem ser comparadas com os instrumentos mais tradicionais da medicina. Nossas vidas físicas dependem em larga escala do que acontece na nossa mente. Cada imagem pintada por um pensamento afeta diretamente o nosso corpo.

Este livro trata de ações, de fazer. Pretendemos examinar e recomendar todos os tipos de ações. Você descobrirá como aprender a acreditar em si mesmo, e como usar essa fé para se tornar uma pessoa mais saudável, mais inteligente, mais bem-sucedida e até mesmo mais *sexy*. A chave para isto é ir além da crença: *Pensamentos Positivos, Ação Positiva (PPAP).*

Dizem que uma imagem vale mil palavras. Nós afirmamos que uma ação cria mil pensamentos. E mesmo se uma ação criar apenas um único pensamento, desde que ele seja o pensamento certo, será capaz de provocar uma reviravolta na sua vida.

RECEITA: AÇÃO!

> *"O único limite à sua realização do amanhã serão as dúvidas que você tiver hoje."*
>
> — Franklin Delano Roosevelt

Nossa receita para saúde, felicidade e sucesso começa com a ação. Uma boa alimentação, bons cuidados médicos e muitas outras coisas também são necessárias, mas tudo principia com a ação! O homem que era capaz de fazer nove mil coisas tinha todos os motivos para puxar o cobertor sobre a cabeça e morrer. Em vez disso ele preferiu entrar em ação — em ação física, mental e emocional. Não importa se ele fez isso por conta própria ou com a ajuda de outros —, ele entrou em ação! A jovem presa num campo de concentração "sabia" que iria morrer. Alguém a forçou a agir como se fosse viver. No início, ela não acreditou. Ela acendia a vela imaginária porque tinha de fazê-lo mas, com o passar do tempo, o simples fato de realizar a ação acabou servindo para mudar a sua crença.

Nós vamos lhe fornecer os instrumentos necessários para ajudá-lo a criar a fé, e, depois, para ir além da fé, entrando em ação. Quando tiver terminado a leitura deste livro, você terá uma lista de coisas externas específicas para fazer, tais como acabar com uma disputa ou discussão, procurar um amigo negligenciado, preparar um novo currículo, e assim por diante. Mas você também terá uma série de ações interiores que farão parte da sua vida diária, tais como encher a sua taça até que ela transborde, sentindo, literalmente, como a água escorre entre seus dedos.

Acender uma luz na escuridão

A luz sempre brilha na escuridão. Um minúsculo lampejo de fé pode acabar com a escuridão do medo. Vamos iluminar a escuridão. De noite, pela madrugada ou durante o dia, com as janelas fechadas, acenda uma vela. Uma vela pequena e simples é suficiente. No escuro, olhando para a vela, coloque as mãos acima da chama, com as palmas voltadas para cima, uma sobre a outra. (Coloque-as a uma boa altura sobre a chama para não se queimar.) Perceba como suas palmas estão escuras. Agora, separe as mãos, vire-as de modo que os polegares fiquem para cima. Junte as mãos e abaixe-as em direção à chama. Coloque as mãos ao lado da chama, numa posição suficientemente próxima para sentir um pouco de calor (mas não exagere!). Perceba como as palmas das mãos, voltadas para a chama, estão iluminadas. É como se você estivesse segurando a luz da fé em suas mãos. Olhe para suas mãos repletas de luz enquanto diz:

Quais são os meus limites, onde estão as minhas fronteiras?
Onde está a borda do meu universo?
A borda está no final da luz,
A luz que seguro na minha mão.

Quão longe posso ver, quanto posso saber,
Quão profunda é a minha compreensão?
Mistérios sombrios se esclarecem na luz,
A luz que seguro na minha mão.

A que profundezas ouso ir, quanto consigo suportar,
Será que outro passo será um passo distante demais?
Fardos gelados derretem na luz,
A luz que seguro em minha mão.

Estendo as mãos e o meu mundo se alarga,
Meu mundo é tão grande quanto o que alcanço.
Abro minhas mãos, abro o meu mundo,
Abro para o amor, a ação e a felicidade.

Quais são os meus limites, quanto posso saber,
Será que outro passo será um passo distante demais?
Não existem limites, nem fronteiras, nem fim,
Se eu segurar a luz na minha mão.

Você acha que acender uma vela é uma ação meio ridícula? Algumas pessoas acham isso. Sally achava que acender uma vela imaginária era uma bobagem completa — *mas funcionou!* As ações interiores criam a fé e, com a fé, muitas coisas se tornam possíveis.

P.S. Quanto a ser um herói

Muitos dos nossos grandes heróis foram homens e mulheres de ação. O mesmo também é válido com relação a alguns dos nossos pequenos heróis. Conheci um herói, um herói de verdade chamado Mark, há muitos anos, quando servi de treinador para os Little League Dodgers de Roxbury Park, em Beverly Hills. Mark era um garoto de oito anos, com ombros largos, um sorriso enorme, cabelos escuros encaracolados e problemas de *cerebral palsy*. Esta é uma expressão médica, usada para descrever uma variedade de distúrbios motores do corpo, resultantes de danos cerebrais durante a gestação. Embora as vítimas tenham inteligência normal, esta *cerebral palsy* provoca uma espécie de paralisia espasmódica de várias partes do corpo, além de tremores e outros problemas.

As outras crianças costumavam rir quando o viam de bastão em punho ou lançando uma bola. Os outros garotos estavam desenvolvendo movimentos suaves, fluidos e harmoniosos, mas os braços e as mãos de Mark tremiam o tempo todo. Eles riam muito quando Mark corria para a primeira base, parecendo um cruzamento entre o Homem de Lata e um bêbado. Eles o chamavam de "Spaaaaz" — é assim que pronunciavam o apelido, "Spaaaaz", com um "a" bem prolongado. Mas a partir do momento em que o conheci, me senti muito atraído pelo garoto de sorriso enorme, que não parava de pular de um lado para o outro e que me dizia que iria conquistar um troféu.

A temporada foi excitante e bem-sucedida para todos os Dodgers — menos para Mark. Ele queria muito conseguir um bom arremesso, mas jamais sequer chegava perto disso. Ele não era capaz de pegar uma bola, nem quando ela era colocada diretamente na sua luva. Todos diziam a Mark que ele era um perdedor. E quando ele pegava o bastão, a outra equipe começava a gritar "SPAAAAZ! SPAAAAZ!" Mas Mark acreditava em si mesmo, e constantemente agia em função dessa grande crença, dessa grande fé. Ele agia comparecendo a todos os treinos, chegando cedo a todos os jogos, sempre com a luva numa de suas mãos trêmulas e uma bola na outra, sempre interessado, sempre excitado. Ele nunca interrompia seus treinos: arremessos, pegadas de bola, tacadas, corridas. Ele suportava impressionantemente bem todos os inevitáveis desapontamentos, os deboches, os insultos. Ocasionalmente, parecia que seu grande sorriso se esvaía diante da crueldade das outras crianças. Eu não podia permitir que os meus garotos se divertissem às custas dele, mas não tinha meios de controlá-los. Nem os pais sentados nas arquibancadas. E estes talvez fossem os mais cruéis dentre todos.

Uma vez, e foi uma única vez, Mark saiu correndo do campo, chorando, com as zombarias dos outros garotos soando nos seus ouvidos. Quando finalmente consegui alcançá-lo, ele me disse que desejava tanto conseguir uma grande jogada, ser um grande jogador. Uma vez, uma única vez em sua vida, ele queria ser o herói. Eu disse a Mark que ele já era um herói. Qualquer pessoa com sorte suficiente para nascer com talento é capaz de fazer uma grande jogada. Mas é preciso ter algo de muito especial para fazer mil tentativas e continuar sorrindo.

O garoto parou de tremer e enxugou as lágrimas, e deu-me um sorriso agradecido. Depois disso, fez meia-volta e correu para o campo.

Chegamos à última partida da temporada. Uma vitória nos colocaria na final. Mark veio para rebater — e falhou. Uma bola fácil foi desviada para ele no campo direito — e ele não a acertou. Os outros garotos pediram que eu colocasse "Spaaaaz" no banco de reservas. Nas arquibancadas, os pais exigiam isso: "É um jogo muito importante", diziam eles. "É a decisão para as finais. Coloque Spaaaaz no banco!"

Eles tinham razão. Eu já permitira que Mark fizesse algumas tentativas; ele tinha tido uma chance de rebater e outra oportunidade no campo. E aquele era um jogo importante. Qualquer treinador sensato teria retirado Mark do campo nessas alturas. Mas ele treinara mais, e com mais intensidade do que todos os outros participantes. Ele mantinha a cabeça erguida, quando outros tentavam humilhá-lo. Ele simplesmente não desistia. Resolvi deixar Mark no campo.

Ele cometeu mais alguns erros. Mark estava nos custando a partida, a nossa chance de chegar à final. No último lance, as coisas estavam pretas. Precisávamos de um *run* para continuar no jogo, de dois *runs* para vencer. Mark colocou-se em posição, enquanto todos gritavam "Spaaaaz!" e "Mostre alguma coisa!"

Seus braços e suas pernas tremiam enquanto esperava pelo arremesso. Depois, fez um arremesso possante, um arremesso que teria enviado a bola para o outro lado da cerca. Mas a bola caiu na linha da terceira base, pouco se movimentando. Ficamos todos pasmos: ele realmente tinha atingido a bola. Olhando em retrospecto, não acho que foi ele que acertou na bola; foi a bola que acertou no seu bastão. Todos ficamos parados, imóveis, olhando para a bola. Mark disparou em direção à primeira base, com grande agitação de braços e pernas. Os adversários finalmente começaram a se movimentar em direção à bola. Foi como um desses filmes onde tudo é mostrado em câmara lenta: Mark correndo para a primeira base, o outro jogador pegando a bola, arremessando-a...

Mark estava em segurança na primeira base! Ele conseguiu o lance, e também os dois *runs*, e ganhou a partida para nossa equipe. Os outros Dodgers entraram em campo, o abraçaram, lhe deram tapas de alegria nas costas. Mark ficou pulando no lugar, gritando de alegria, com lágrimas escorrendo pelo rosto. Se alguém tivesse olhado para mim, teria percebido que eu também estava chorando.

Ralph Waldo Emerson disse que um herói é uma pessoa que consegue perseverar por mais cinco minutos. E o que eles fazem enquanto estão perseverando? Estão entrando em ação! Mesmo quando a ação deles nada mais é do que a recusa de desistir, eles estão entrando em ação. Mark foi um grande herói. Ele perseverou ao longo de uma existência.

Para onde foram todos os nossos heróis? Estão por aí. Basta saber olhar. Acredito que todos poderíamos ser heróis, se acreditássemos em nós mesmos, e se agíssemos em função dessa fé. Segure a luz em suas mãos.

CAPÍTULO DOIS

A PARÁBOLA DA COLCHA DE RETALHOS

"A vida não nos oferece prazer maior do que o de superar dificuldades..."

— Samuel Johnson

Quando eu era um garoto de seis anos de idade, costumava vagar pelas ruas do sul de Filadélfia usando uma jaqueta desbotada de veludo amarelo. Eu tinha muito orgulho dessa jaqueta. Ela tinha um zíper na frente e elásticos nos punhos — uma raridade em 1934. Havia três botões em cada manga, bem acima dos punhos. Na minha imaginação, esses botões desbotados não estavam presos por fios de linha ao tecido. E não eram meros discos de madeira desgastada, mas estrelas brilhantes, tais como as de, no mínimo, um major-general. Quando eu vestia essa jaqueta, eu deixava de ser um garoto pobre que morava num apartamento sem aquecimento; eu me transformava no Comandante-em-Chefe! Muitas vezes, num frio cortante, eu juntava um punhado de crianças menores da vizinhança e as fazia marchar pela neve, subindo e descendo a South Reese Street. Os meninos mais velhos se divertiam quando eu desfilava com meu pequeno exército; eles ficavam em posição de sentido e batiam continência para mim.

Eu me orgulhava muito dessa jaqueta de veludo amarelo — mas eu também me envergonhava um pouco por causa dela. Eu tinha esperanças de que ninguém soubesse do "segredo" da minha jaqueta. Gostaria de explicar melhor a situação: nós vivíamos no sul de Filadélfia, a região mais pobre da cidade, durante a época da Grande Depressão. A grande maioria dos meus amigos pertencia a famílias que atualmente seriam chamadas de "famílias trabalhadoras pobres". Seus pais tinham algum tipo de trabalho: um era açougueiro, outro padeiro e havia também motoristas de caminhão e de táxi. Seus pais mal ganhavam o suficiente para pagar o aluguel de uma pequena casa geminada, se bem que esse aluguel dificilmente fosse superior a uns dez dólares. Não existia nenhuma cobertura especial sobre o assoalho de suas casas, a não ser, excepcionalmente, o linóleo, aquela substância fria e semelhante a plástico que geralmente tinha algum desenho espalhafatoso estampado. Norman era o "mais rico" dos meus amigos. Seu pai era encanador, e na casa deles havia cortinas de verdade nas janelas, tapetes e uma pequena varanda. Eu considerava aquilo o máximo em termos de estilo de vida.

Eles eram os trabalhadores pobres, ao passo que eu pertencia aos pobres "ocasionalmente trabalhadores". Eu ficava vermelho cada vez que alguém mencionava minha jaqueta de veludo amarelo. Será que sabiam do segredo? Eles deviam saber que minha mãe não poderia ter comprado aquela jaqueta para mim, porque não dispúnhamos de dinheiro para algo tão bonito. E todos certamente sabiam que meu pai, apesar de forte e inteligente, geralmente estava "entre empregos". Sim, ele era inteligente e muito forte; podia citar capítulos e versículos da Bíblia e era um poço repleto de sabedoria popular. No entanto, ele nunca conseguia expulsar os demônios de sua alma. Ele, literalmente, brigava com seus chefes e com outros homens. E toda a sua sabedoria natural não era suficiente para impedi-lo de afogar sua cólera, aquela terrível raiva que era incapaz de expressar de forma articulada, na bebida.

Tal como muitas outras crianças, eu nasci com cartas desfavoráveis. Meu pai, um atacadista de frutas, dificilmente conseguia um emprego fixo e, quando conseguia, não era por muito tempo. Suas brigas e bebedeiras nos custavam muito caro. Pelo menos uma vez ele fugiu da cidade, indo se esconder em Baltimore para não ter de se deparar com um monstro cujo maxilar quebrara numa partida de pôquer. Minha mãe era faxineira no Germantown Boy's Home, e metade do seu parco salário era usado para pagar a mulher encarregada de tomar conta de mim. Mais tarde, ela passou a pregar botões em camisas. Sempre que ia ao banheiro, o chefe gritava, dizendo que ela estava desacelerando o ritmo do trabalho. Durante anos, vivemos numa sucessão de quartos alugados, às vezes com parentes, às vezes com aquecimento, outras vezes sem.

Diariamente era enfiada na minha jovem cabeça a mensagem de que eu não tinha qualquer tipo de futuro. Isto acontecia até mesmo na escola. Eu me lembro bem de um professor que costumava nos dizer, enquanto esfregava lentamente uma mão na outra: "Vocês garotos deveriam largar a escola e trabalhar na coleta de lixo." E quando eu dizia que queria ser médico, os outros riam e recomendavam que eu deixasse de sonhar. Eles me diziam que eu era um garoto bobo, sem idéia de como a situação era realmente ruim. Eles descreviam, com muitos detalhes, todos os obstáculos nos quais eu acabaria tropeçando no futuro. Eu era o garoto mais pobre da minha região no sul de Filadélfia, em meio à Grande Depressão. Na escola, eu era regularmente suspenso. Certa vez, por causa de uma aposta, quebrei a janela de um carro da polícia com um tijolo. Meu pai bebia para afogar sua raiva, minha mãe fazia camas e empunhava uma vassoura. Ninguém tinha a menor dúvida de que meu futuro seria extremamente negro.

Todos os dias me diziam que a vida era ruim. Todos os dias eu era informado de que meus pais se esforçavam muito para colocar um pouco de comida no meu prato. Todos os dias eu via que meu pai bebia demais. Durante o inverno, eu nunca sabia quando teríamos algum tipo de aquecimento. Intelectualmente, no fundo da minha mente, eu sabia que as coisas eram sombrias. Mas eu me recusava a aceitar a "realidade". Vestia minha jaqueta de veludo amarelo e me transformava no "General Arnie". Eu vestia essa jaqueta de veludo amarelo e a "realidade" sumia. Não havia mais a Grande Depressão, não éramos pobres, e meu pai não bebia. Passávamos então a viver numa grande mansão, abarrotada de comida, bem aquecida e com muita alegria. Eu era o "General Arnie", principal comandante, chefe supremo de todo o exército.

Muitas vezes tive vontade de dar a todos eles jaquetas de veludo amarelo, para que também pudessem tornar-se generais ou primeiras bailarinas, Rockefellers ou Einsteins, ou qualquer personalidade que quisessem ser. E ficava intrigado ao constatar que eles, teimosamente, continuavam preferindo a dura realidade em vez de sonhos bonitos. Mas eu era apenas uma criança.

Um motivo para sonhar

Eu gostava daquela jaqueta de veludo amarelo, por mais velha e puída que fosse. E também me envergonhava um pouco por causa dela; ficava vermelho quando me perguntavam como eu tinha conseguido uma jaqueta tão bonita. Lembro-me de ter caminhado milhas e milhas com minha mãe certo dia, passando pelo aterro de lixo da cidade e chegando até a linha ferroviária. Nesse dia, alguém estava de pé num vagão de trem, jogando roupas usadas para uma multidão de gente pobre. Envergonhada, minha mãe me puxou através daquele aglomerado, até chegar bem na frente. De repente, ela saltou e conseguiu pegar o casaco de veludo amarelo no ar. Seu desempenho fora muito melhor do que o de muitos jogadores profissionais de beisebol. Depois, ela colocou a jaqueta debaixo do braço e, arrastando-me atrás dela, saiu do meio da multidão.

É possível que eu gostasse tanto daquela jaqueta porque ela fazia um dos meus sonhos tornar-se realidade; eu me transformava num general quando a vestia. Não, não era bem isso. A jaqueta *não fazia* o meu sonho se tornar realidade; bem mais do que isto, ela me fornecia material para sonhar.

Eu sonhava muito quando garoto. Vestindo minha jaqueta amarela, eu era um general. Com um pequeno frasco na mão, eu me transformava num grande médico, descobrindo a cura para a tuberculose. E quando eu caminhava pela Rua 7, passando em meio a todas aquelas carroças, eu era um homem rico a caminho de um restaurante sofisticado; não um garoto faminto sem um níquel no bolso. Os garotos mais velhos me ensinaram como fazer para transformar meus sonhos em barriga cheia. Sem dinheiro? Não é problema. Eu passava ao lado de um carrinho carregado da frutas e, com a mesma rapidez que mais tarde desenvolvi para cortar suturas, agarrava uma maçã e a enfiava dentro da minha jaqueta de veludo amarelo parcialmente aberta.

Meus amigos e eu costumávamos ficar parados diante do Glider's Restaurant. Com os narizes pressionados contra as vidraças, ficávamos observando os "ricos" sentados às mesas, comendo filés, repolho recheado, sopa de macarrão. Alguns dos meus amigos sentiam raiva pelo fato de não poderem comer no Glider's ou em qualquer outro restaurante. Eles ficavam ressentidos com as pessoas que observavam com tanta inveja. Eu também não podia entrar naqueles lugares, mas não sentia ressentimento em relação a pessoa alguma. Eu sonhava que algum dia seria capaz de entrar naqueles lugares e estar entre aquelas pessoas. Eu *sabia* que faria isto. E era capaz de enxergar tudo nitidamente no meu sonho.

Talvez fosse por isso que eu me sentia feliz, sem permitir que as situações me abalassem. Eu não tinha ressentimento em relação aos que possuíam mais do que eu. E sonhava simplesmente com o dia em que eu também teria. Por que ficar irritado quando se tem a oportunidade de aguardar alegremente a abundância?

Mais do que tudo, eu sonhava em ser um médico, um grande médico, como o dr. Cooper. O dr. Cooper era o médico da família, um médico da velha escola, que andava pelas ruas, fazendo consultas a domicílio, aceitando um prato de comida ou um frango, ou qualquer outra coisa, em vez do pagamento em dinheiro. Muitas vezes, ele fazia seu trabalho sem cobrar, quando o paciente não tinha como pagar. (Barry, meu filho e co-autor deste livro, tem esse nome em homenagem a esse grande homem.)

Dez mil razões para ser "realista"

Eu tinha a impressão de que praticamente todos me diziam para ser mais realista, para deixar de sonhar. Eles diziam:

- *Você, um médico? Não seja ridículo.*
- *Você está batendo com a cabeça na parede.*
- *Pessoas como nós não têm chance.*
- *Não me faça rir.*
- *Não existe a menor possibilidade de um garoto pobre como você conseguir isso.*
- *De que adianta viver? Nós sofremos e depois morremos. Todos querem nos prejudicar.*

- *O mundo não vai mesmo continuar existindo por muito tempo.*
- *O fracasso é inevitável.*
- *Na vida as chances são contra pessoas como nós.*
- *Não temos dinheiro suficiente.*
- *Você provavelmente acabará doente.*
- *Nunca se esqueça desta gente.*
- *Você não conhece as pessoas certas. E é imprescindível conhecer as pessoas certas.*
- *Você vai acabar como o seu pai.*

E a lista continuava. Todos tinham pelo menos dez mil razões para ser absolutamente "realistas". Contudo, ser tão definitivamente — e tão desafiadoramente — realista significava também ser infeliz. E todos os que insistiam que eu deveria me ancorar firmemente na "realidade" infeliz eram pessoas simpáticas, pessoas boas, esforçadas, bem-intencionadas e muito realistas. Elas "sabiam" que garotos pobres nascidos do outro lado dos trilhos simplesmente não se tornavam generais ou médicos. Elas "sabiam" que sonhar era um desperdício de tempo, quando havia trabalho a ser feito. E "sabiam" que o hábito de sonhar inevitavelmente levaria a desapontamentos. Para que cultivar esperanças, diziam. Quanto maiores as esperanças, maior será o tombo.

Algumas poucas pessoas encorajavam os meus sonhos. Outras me diziam para deixar de prestar atenção no lixo que me cercava e para começar a sonhar com as estrelas. Nem todos os que sonham com as estrelas conseguem sucesso, explicavam elas, mas apenas os que sonham com elas têm chances de sucesso. E se você conseguir uma chance, diziam, isto é tudo o que você necessita.

Meus pais, apesar de extremamente pobres, sempre encorajaram meus "sonhos malucos". Quando eu lhes disse que queria ser médico, eles acharam isso uma excelente idéia. Todos os outros me disseram que eu era louco: ninguém deste bairro consegue freqüentar uma universidade e muito menos ainda se formar em medicina. Ninguém deste bairro tem inteligência, dinheiro, relações e a posição necessária. Mas minha mãe e meu pai diziam que eu seria um grande médico. Meu pai freqüentara a escola durante apenas três anos antes de começar a trabalhar para ajudar no sustento da família. Minha mãe abandonou a escola rural depois da décima série. A universidade e a escola de medicina eram coisas além dos seus horizontes. Eles nada tinham a me dar a não ser esperança. E isto, conforme constatei mais tarde, acabou sendo a melhor coisa que eles poderiam ter me dado.

Existem dez mil razões para ser absolutamente "realista" e para "saber" definitivamente que sua vida é miserável. Existe uma única razão para sonhar: você não pode alcançar uma estrela se não estender a mão na direção dela.

O que são os sonhos?

Eu ainda estava crescendo quando me disseram que, ao sonhar, você está fugindo da realidade. A única maneira de sobreviver, me diziam as pessoas, era enfrentando a dura realidade, cara a cara. Não se exponha com seus sonhos. Fique sempre na defensiva, procure proteger-se. E o que esta gente dizia fazia sentido — para eles.

Eu sou médico, treinado nas coisas rigorosas e exatas da ciência. Sonhar não é uma atividade científica. Os sonhos são para os psiquiatras, diziam aos jovens estudantes de medicina. O trabalho de vocês consiste em dominar a realidade do corpo humano, dos germes e dos remédios.

O que é sonhar? O que é realidade? Realidade é aquilo que sabemos ser verdade, que podemos analisar, verificar e quantificar, o que podemos tocar com nossas mãos ou com nossos sofisticados instrumentos de alta tecnologia. Mas os sonhos, dizem, os sonhos são apenas pegadas deixadas por pensamentos que passam, são sombras distantes. No entanto, os sonhos, essas pegadas da noite, freqüentemente se tornam realidade. Eu sou um médico, exatamente como imaginava que viria a ser. Posso me dar ao luxo de comer no Glider's Restaurant (que continua existindo no mesmo lugar), ou no sofisticado Jimmy's, ou no Bistro aqui em Beverly Hills, sete vezes por semana se quiser. Meus sonhos eram uma mera bobagem mental, ou teriam sido uma visão antecipada da realidade futura?

Tendo vivido nas duas extremidades da escala social, posso afirmar que nossos sonhos *são* realidades — eles são projeções muito reais do que queremos ser. Os sonhos são espelhos para a nossa mente, matrizes para o futuro. Sim, não resta dúvida de que muitos dos nossos sonhos são exagerados, exorbitantes mas eles falam pela nossa alma silenciosa. Nossos sonhos são aquela parte de nós que nos diz que podemos ser grandes, vibrantes, exóticos, maravilhosos. Nossos sonhos representam o pedido de nossa alma para continuarmos em movimento, crescendo, aprendendo, amando, dando, saboreando, cheirando, ousando, até mesmo fracassando e simplesmente continuando a tentar. Sonhar é a maneira como a alma nos incentiva, fornecendo-nos motivos para olhar para o futuro e almejar as estrelas. E os sonhos *são* realidade. Os sonhos criam realidade: a realidade do agora e a realidade do futuro que esperamos.

A realidade de dois gumes

A maioria das pessoas concordará que os sonhos são "reais", no sentido de que nos dizem o que queremos ser, mas que eles não são a "realidade presente". Um sonho pode nos encorajar a freqüentar uma universidade para nos transformarmos naquilo que queremos ser; mas como é que um sonho pode mudar a "realidade" do aqui e agora? Isto é impossível. Ou não é?

Em qualquer momento, para cada situação, sempre existem duas "realidades". Uma realidade consiste em fatos: são duas e vinte da tarde do dia 19 de janeiro. Estou sentado diante da minha mesa de trabalho, enquanto Barry e eu escrevemos estas palavras. Estou instalado em uma cadeira preta, e ele está no sofá. Estou usando uma camisa azul com listras brancas. Acabei de conversar pelo telefone com um velho amigo. Até o momento, escrevemos apenas oito páginas deste capítulo. Será que teremos material suficiente para terminá-lo?

Esta é a realidade dos fatos concretos. Mas existe outra realidade: estou entusiasmado com o que estamos escrevendo. São excelentes informações! Fiquei com os olhos marejados de lágrimas ao lembrar da minha jaqueta de veludo amarelo. Quando pensei nos meus pais, senti um nó se formando na garganta. Apesar de todas as suas falhas, eles fizeram tudo o que podiam por mim. Eles *sempre* me encorajaram a ser grande. O telefonema do meu amigo foi um transtorno, porque interrompeu minha seqüência de pensamentos e lembranças.

Duas realidades: os *fatos* e a *interpretação*. Nem sempre controlamos os fatos, mas podemos determinar a nossa interpretação.

O uniforme de retalhos

Eu ainda era um garotinho pobre quando ingressei num grupo de escoteiros. Obviamente, eu queria um uniforme totalmente novo, com calças curtas e camisa de bolsos, com o chapéu e o lenço no pescoço, e com o peito repleto de distintivos para ostentar com orgulho nas reuniões, na escola e na rua. Mas os uniformes custavam dinheiro, mais dinheiro do que eu tinha. Eu trabalhava desde os sete anos de idade. Meu primeiro emprego foi de vendedor de goma de mascar no parque. Mas eu entregava tudo o que ganhava para minha mãe, para ajudar no aluguel. Simplesmente, não havia dinheiro para comprar um uniforme. (Anos mais tarde, quando comecei meus estudos universitários, ela me deu o que me pareceu ser uma soma enorme de dinheiro. Fiquei sabendo então que ela tinha guardado cada níquel que eu lhe dera, reservando esse dinheiro para a minha educação.)

Os outros garotos, por mais pobres que suas famílias fossem, ganharam seus uniformes. Eu me sentia o último dos últimos quando ia às reuniões usando minhas roupas normais. Depois, consegui juntar cinqüenta centavos para comprar um lenço oficial de escoteiro. Pouco tempo mais tarde, consegui os dois níqueis necessários para a argola que prendia o tal lenço no meu pescoço.

Eu me orgulhava muito do meu "uniforme"! A "realidade" concreta era que eu não tinha um uniforme de verdade. Mas minha interpretação era a de que eu tinha um uniforme maravilhoso. Os outros garotos riam de mim, mas na minha mente de sonhador eu estava totalmente trajado como escoteiro! Eu ia aos passeios com o lenço no pescoço e usava-o também na escola nos dias marcados para isto. Mais tarde, consegui uma camisa usada, alguns números acima do meu, e uma calça mal cortada que alguém resolvera aposentar. Essa calça tinha sido lavada milhares de vezes, estava puída e desbotada. Os outros riam muito do meu uniforme de retalhos e costumavam me chamar de "Rei dos Trapos". A realidade concreta era que eu usava refugos; peças usadas e desbotadas que ninguém queria. Na minha mente, no entanto, aquele era o melhor uniforme, o mais brilhante e maravilhoso que um escoteiro poderia ter.

Pela realidade dos fatos concretos, eu deveria estar infeliz. Eu deveria ter ficado ressentido com a minha pobreza. Deveria queimar de vergonha quando os outros riam do meu uniforme de retalhos. Pela realidade total dos fatos concretos, eu deveria ter passado minha infância em lamentos por causa do meu destino pavoroso. Eu deveria ter me sentido um miserável (como muitos dos meus amigos se sentiam).

No entanto, graças à minha realidade de interpretação, a realidade do sonho, eu era delirantemente feliz. Equipado apenas com um lenço e uma argola, eu era o melhor escoteiro do mundo. Usando minha jaqueta de veludo amarelo, eu era um general do exército. "E daí?" — é o comentário que Barry e eu ouvimos de muitas pessoas. "Você estava apenas se enganando para pensar que era feliz. Não é uma grande coisa."

Mas foi uma grande coisa, provavelmente a melhor e maior coisa de toda a minha vida. Não sou capaz de dizer quantos dos meus amigos, quantos dos seus pais, quantos dos moradores pobre e miseráveis do sul de Filadélfia e de outros lugares levavam vidas miseráveis porque focalizavam apenas a realidade dos fatos concretos. Se você passar a vida inteira dizendo a si mesmo que é uma pessoa miserável e infeliz, que não é coisa alguma e que não terá nenhum tipo de futuro, você estará absolutamente certo. Mas se você disser a si mesmo, pelo menos de vez em quando, que é feliz e que pode estender a mão na direção das estrelas, você também estará certo.

Meus pais não me deixaram dinheiro. A herança deles foi mais importante que o ouro: eles me levaram a acreditar que todas as minhas desvantagens eram correntes de papel, esperando para serem estraçalhadas. Quando eu dizia que era um General, eles respondiam que eu era O General. Quando eu dizia que me tornaria um médico, eles diziam que eu seria o melhor médico do mundo. Quando eu dizia que iria sair do gueto, eles sorriam e comentavam: "Assim está escrito."

Um futuro de retalhos

Há alguns anos, eu estava sentado em uma arquibancada ensolarada numa tarde de domingo, assistindo à cerimônia que marcava a maioridade escoteira da minha neta Melanie; ela estava deixando de ser uma "Daisy" para se tornar uma "Brownie". Robin, a mãe de Melanie, líder daquele grupo de escotismo, tirava a faixa "Daisy" de cada menina e depois a substituía pela faixa "Brownie". As meninas estavam bastante excitadas e nervosas enquanto pronunciavam seus juramentos e cantavam algumas canções.

Imediatamente depois da cerimônia, Melanie e muitas de suas amigas colocaram suas faixas "Daisy" numa caixa. Elas seriam doadas para meninas pobres, sem dinheiro para a aquisição de suas próprias faixas. Aquelas faixas estavam todas um pouco rotas, tinham manchas, até um ou outro rasgo, mas eram faixas "Daisy" oficiais. E, em algum lugar do país, algumas garotas desprivilegiadas abriram aquela caixa contendo faixas usadas. Eu imagino que algumas dessas meninas, imersas na realidade dos fatos concretos, torceram seus narizes e se recusaram a usar coisas descartadas por meninas ricas. Mas espero que pelo menos uma das meninas tenha ficado muito feliz por ter uma faixa, mesmo não sendo do tamanho certo, mesmo estando manchada e um pouco puída. Eu espero que pelo menos uma menina tenha se sentido muito orgulhosa de sua faixa "Daisy".

Quem está numa situação melhor? Aqueles que respondem ao aspecto sombrio da realidade dos fatos concretos com o rosto tenso e a testa franzida? Ou aquele que faz de conta que seu uniforme de retalhos é um traje adequado para qualquer princesa Daisy?

"Ele é o mais pobre dos pobres e o mais feliz dos felizes." Era o que eu ouvia alguns dos pais dos meus amigos dizerem de mim, sussurrando espantados, quando eu era pequeno. Como se explica que ele seja tão feliz, se leva uma vida tão miserável? — perguntavam-se eles. E houve muito momentos de grandes dificuldades naqueles tempos. Mas com minha jaqueta de veludo amarelo, com meu uniforme de retalhos e meus sonhos, era impossível que eu não sorrisse.

Eu era feliz porque meus pais me ensinaram a modificar a "realidade", interpretando-a como sendo uma coisa boa. Minha interpretação não conseguia encher minha barriga, freqüentemente vazia, nem me comprar um uniforme novo. No entanto, minha interpretação sempre me ajudava a erguer o queixo e a olhar para as estrelas.

Um sonho — e um empurrão

Obviamente, não estou querendo dizer que, quando sentimos fome, podemos simplesmente sonhar que nossa barriga está cheia. E certamente não estou defendendo que alguém sonhe que está em segurança quando um automóvel desgovernado vem na sua direção — eu diria: encare a realidade e saia do caminho, já! Eu apenas quero dizer que os sonhos são feito pincéis nas nossas mãos, convidando-nos a colorir a tela de nossas vidas. Nossa tela não está completamente vazia; algumas linhas e algumas cores já estão presentes e não podemos modificá-las. Mas, nos outros aspectos, nós somos o artista, o Leonardo Da Vinci, o Picasso que pinta o quadro da nossa vida, tal como achamos que esse quadro deva ser.

A vida não viu sentido em desenhar um bonito uniforme de escoteiro no quadro da minha existência. Mesmo assim, por que ficar olhando tristemente para a imagem nua, quando se pode pintar pessoalmente o traje, usando os sonhos para isto? E quando você faz isto, você com toda a certeza está alterando a realidade. Não a realidade dos fatos concretos do seu uniforme: um pedaço de pano velho continua sendo um pedaço de pano velho. O que você faz é modificar a realidade interpretativa de si mesmo, de suas emoções e através das suas emoções, da sua bioquímica e de todo o seu ser. Por que concordar com a realidade dos fatos concretos, que afirma que eu sou infeliz porque pessoas estão rindo do meu uniforme de retalhos, quando posso optar por uma realidade que me deixe transbordando de felicidade?

Insígnia de Mérito por Primeiros Socorros: primeiro passo para a escola de medicina

Certo dia, aos doze anos de idade, vesti orgulhosamente meu uniforme de retalhos para me submeter aos testes da Insígnia de Mérito por Primeiros Socorros, minha primeira insígnia. Para chegar ao consultório do médico que iria me sabatinar, eu tinha de pegar dois bondes e um ônibus — era um lugar muito distante. Lá encontrei três outros garotos, meninos "ricos" do norte de Filadélfia. Eles vaiaram meu uniforme improvisado. Ficamos aguardando na sala de espera até que o médico tivesse tempo para nos interrogar. Todos fomos aprovados. Depois, o médico, cujo nome não me vem à memória, dispensou os outros três. Quando eles foram embora, ele apontou para mim com o dedo indicador e, praticamente, gritou: "Você vai ser médico!"

Fiquei tão espantado que pulei na cadeira. "Você vai ser médico!", repetiu ele outra vez. "Venha comigo."

Ele me conduziu ao seu pequeno consultório e colocou um estetoscópio nas minhas mãos, dizendo: "Isto é um estetoscópio. Nós o usamos para ouvir as batidas do coração dos pacientes. E isto é uma radiografia", disse ele, apontando para uma grande "fotografia" em cinza e branco sobre sua mesa de trabalho. "Esta fotografia mostra a parte interna do peito de um paciente." Ele colocou as duas pontas do estetoscópio nos meus ouvidos e posicionou o aparelho em seu próprio peito para que eu pudesse ouvir as batidas do seu coração. Ele também me ensinou a diferença entre os sons primários e secundários do coração, usou uma foto para ilustrar como o sangue passa pelas quatro câmaras cardíacas. (Treze anos se passariam até que eu ouvisse oficialmente alguma coisa sobre sons de coração nas aulas de diagnóstico físico.)

"Volte na próxima semana," ordenou-me ele logo em seguida. Voltei ao seu consultório mais umas três ou quatro vezes, feliz com o fato de aquele homem "importante" estar gastando seu tempo para me ensinar como ser um médico. E todas as vezes ele apontava com o indicador para o meu peito e afirmava: "Você vai ser médico! Não se preocupe em saber como isto irá acontecer", dizia ele. "Não se preocupe com o dinheiro. Simplesmente, faça o que for preciso fazer!"

Eu não sei dizer por que ele me escolheu, nem por que me dedicava uma parte tão grande do seu tempo. Eu só sei que eu sempre tinha sonhado em ser médico, e que um médico de verdade estava me dizendo que meus sonhos se transformariam em realidade. Esse homem transformou meu sonho em realidade, dizendo-me que eu era capaz de fazer aquilo. Ele não me deu dinheiro para o aluguel, ou para o aquecimento no inverno. Ele não me deu comida, nem roupas quentes. Ele simplesmente me disse que o fato de ser um garoto pobre, filho de pais pobres, não era uma desvantagem ou um empecilho. Ele me disse que eu seria capaz de fazer aquilo. Eu me recordo claramente como ele enfatizava que eu não deveria me preocupar com o "como fazer". Eu deveria simplesmente fazer o que fosse necessário.

Uma dúzia por um vintém

> *"Quase todas as coisas que valem a pena ser feitas foram declaradas impossíveis antes de terem sido feitas."*
>
> — Louis Brandeis

Escrever sobre estes fatos me traz lágrimas de recordação aos olhos, mas histórias como esta existem às dúzias por um vintém. Babe Ruth, o grande jogador de beisebol, nasceu num ambiente extremamente pobre, em 1895. Aos sete anos de idade, ele foi para a Escola Industrial St. Mary, em Baltimore, vivendo lá durante grande parte de sua mocidade. Isto não impediu que ele se tornasse o mais importante profissional da sua modalidade, e o atleta mais bem pago de sua época. Aliás, quando Babe Ruth estava em St. Mary, conheceu um outro garoto pobre chamado Asa Yoelson. Mais tarde, Asa mudou seu nome e tornou-se Al Jolson, um dos maiores cantores norte-americanos. Ele era tão popular que, quando morreu, apagaram todas as luzes da Broadway em homenagem a ele. A realidade dos fatos concretos era extremamente clara: nenhum desses dois garotos conseguiria fazer coisa alguma em suas vidas. E deveriam se dar por felizes se tivessem um emprego fixo e um lugar para morar. Felizmente, ambos tinham grandes sonhos.

Em 1888, um garoto nasceu na Rússia. Cinco anos mais tarde, sua família emigrou para os Estados Unidos, onde ele passou o restante de sua infância na mais extrema pobreza. Mais ou menos com dezesseis anos, ele começou a trabalhar como garçom-cantor em cabarés nos bairros de Chinatown e Bowery, em Nova York. Nós sabemos que este menino pobre se transformou no compositor Irving Berlin, autor de *White Christmas, God Bless America, Alexander's Rag Time Band*, toda a partitura do musical da Broadway *Annie Get Your Gun,* além de muitas outras canções. A realidade dos fatos concretos afirmava que Irving jamais conseguiria o que desejava — afinal, ele mal conseguia ler notas musicais. Mas ele tinha um sonho.

Conheço uma cirurgiã ortopédica chamada Serena Young, que veio ainda menina para os Estados Unidos, no final dos anos cinqüenta. Atualmente, está com trinta e tantos anos de idade. A dra. Young teve poliomielite aos dois anos, o que a impedia de andar normalmente. Com a ajuda de muletas, ela freqüentava a Universidade da Califórnia, e fez então o curso de medicina. Sempre que ela dizia que queria se tornar uma cirurgiã ortopédica, os outros lhe diziam que estava louca, que seria melhor esquecer o projeto. A "realidade", lembra? Atualmente, com as pernas dentro de equipamentos metálicos, ela se apóia na mesa de operações e é uma cirurgiã ortopédica. E, segundo todos os relatos, ela é bastante boa na sua profissão.

Comandando um exército de retalhos, George Washington agüentou e venceu a Guerra da Independência. Com uma educação de retalhos, Thomas Edison conseguiu tornar-se o maior inventor dos Estados Unidos. Com poucos recursos além do seu grande sonho de independência para a Índia, um homem chamado Gandhi enfrentou o Império Britânico — e ganhou. No dia 25 de julho de 1989, o *Wall Street Journal* publicou uma matéria a respeito de dois irmãos negros pobres que viviam num conjunto habitacional do Bronx. Derrick e Dorian Mallory começaram com os cargos mais humildes na McDonald's local. Passados dezessete anos, eles são proprietários de duas franquias da rede Wendy, que têm um movimento bruto de dois milhões e meio de dólares por ano. Eles ainda não são milionários, mas esperam sê-lo antes de completar quarenta anos.

O *Los Angeles Times* publicou, na primeira página, uma fotografia e um texto com o título "Paraplégico Chega ao Topo de Yosemite Depois de Oito Dias". Suas pernas não funcionam, e por isto Mark Wellman usou as mãos para galgar a encosta da montanha El Capitan no Parque Yosemite. O trabalho que ele teve para chegar ao topo da montanha de mais de 1.000 m de altura foi o equivalente a fazer sete mil flexões de braço. O montanhista aleijado declarou: "Você tem um sonho e sabe que a única maneira de torná-lo realidade é simplesmente fazê-lo — nem que sejam apenas umas seis polegadas de cada vez."

Se você viu a série de televisão *Happy Days*, ou assistiu ao filme *Karate Kid* nos cinemas, você sabe que Pat Morita é um bom ator. Você poderia supor que ele está sentado no topo do mundo. Talvez você não saiba que, aos dois anos de idade, os médicos lhe diagnosticaram uma tuberculose de medula e que, incapaz de caminhar, ele passou os nove anos seguintes internado em hospitais. Ele conseguiu ter alta apenas em tempo de ser colocado num campo de internação para nipo-americanos durante a Segunda Guerra Mundial. O pai dele foi morto por um motorista não identificado quando Pat tinha vinte e dois anos. Ninguém poderia imaginar que ele se tornaria um ator muito bem remunerado. Ninguém, suponho, além do próprio Pat: "Quando se dá ênfase apenas às dificuldades da vida, e se permanece neste lugar", diz ele, "isto é tudo o que se conseguirá na vida. Pouco importa o que aconteça a uma pessoa, é preciso ir além disso e, pelo menos, ter esperanças ou sonhos de uma existência melhor..."

Abraham Lincoln, nosso décimo sexto presidente, nasceu numa choupana na floresta. Teve pouquíssima educação formal, trabalhou como vendedor de loja, encarregado postal e agrimensor. E chegou mesmo a fazer uma viagem pelo Mississippi abaixo até New Orleans como barqueiro. Sua lista de fracassos é lendária. Ele perdeu o emprego e foi candidato não eleito para o legislativo estadual, em 1832. Dois anos mais tarde, sua empresa faliu. No ano seguinte, sua namorada morreu. Em 1836, sofreu um sério colapso nervoso. Conseguiu ser eleito para o legislativo estadual, mas foi derrotado para presidente da Câmara. Em 1843 não teve sucesso na sua tentativa de chegar ao Congresso. Em 1848, ele nem sequer foi indicado candidato para o Congresso. Seu requerimento para conseguir um cartório de imóveis foi indeferido, em 1848. Seis anos mais tarde, fez uma campanha sem sucesso para chegar ao Senado. Ele quis ser vice-presidente em 1856, mas não conseguiu o cargo. Em 1858, voltou a se candidatar para o Senado e novamente foi derrotado.

Então, em 1860, um dos maiores "fracassos" dos Estados Unidos se tornou presidente. E não apenas um presidente qualquer. Apesar de constantes críticas, de dificuldades e de fracassos evidentes, ele persistiu e acabou se tornando um dos nossos maiores presidentes.

Steven Morris, cego de nascença, tornou-se o grande músico Stevie Wonder. John, Paul, George e Ringo eram moleques da classe trabalhadora nas ruas da Inglaterra. Com pouco mais do que um sonho e um grande desejo, eles revolucionaram o mundo da música como os Beatles.

Mas as crianças pobres não são as únicas que enfrentam problemas. Um garoto bem-nascido chamado Humphrey dava a impressão de não conseguir se encaixar em nada na vida. Notas péssimas e mau comportamento impediram que ele se matriculasse em Yale. O fato de ter ingressado na Marinha não melhorou muito as coisas — ele acabou preso na solitária, à base de pão e água. Um ferimento na boca fez com que ficasse com uma leve dificuldade na fala. Como inspetor de rebocadores, foi reprovado. Quando se interessou pelo ofício de ator, passou anos de muitas lutas antes de se tornar o famoso Humphrey Bogart.

Um sujeito chamado Harland Sanders tinha apenas cinco anos quando ficou órfão de pai. Ele abandonou os estudos aos catorze. Depois de uma temporada no exército, tentou a sorte como ferreiro, mas sem sucesso. Aos dezoito, ele se casou. Sua mulher lhe anunciou que estava grávida no mesmo dia em que ele foi demitido de outro emprego. Não demorou muito para que ela fizesse as malas e o abandonasse. Harland começou e interrompeu um curso de direito por correspondência. Pilotando um *ferry-boat* ou gerenciando um posto de gasolina, vendendo pneus ou apólices de seguro, nada funcionava direito para ele. Aos sessenta e cinco anos ele iniciou um novo empreendimento usando como capital seu cheque do Seguro Social, no valor de cento e cinco dólares. Este homem, que a "realidade" tinha talhado para fracassos contínuos, finalmente inaugurou o seu primeiro estabelecimento Kentucky Fried Chicken, e Harland Sanders passou a ser conhecido nos Estados Unidos como Coronel Sanders.

Pensamentos positivos, ação positiva: PPAP. Eles queriam "chegar lá", acreditavam que poderiam fazê-lo, e por esse motivo continuaram tentando. Todos já ouvimos muitas histórias a respeito de pessoas que superaram as piores circunstâncias possíveis. Estas histórias existem por aí às dúzias. Qual é a sua história?

Da literatura médica

O que acontece quando contrapomos nossa interpretação da realidade à "realidade" dos fatos concretos? Será que estamos enganando a nós mesmos? Será que estamos lutando com moinhos de vento ou reescrevendo a história antes mesmo de ela acontecer? Alguns estudos interessantes sugerem que nossos pensamentos têm uma tremenda influência sobre o sistema imunológico, sobre a quantidade de dor que sentimos e sobre outros aspectos da nossa existência física e "real".

Pesquisadores demonstraram que um estado de espírito positivo está associado com uma quantidade menor de doenças físicas.[1] Isto afeta até mesmo a velocidade com a qual os pacientes conseguem se recuperar de cirurgias de implantação de pontes de safena. As pessoas positivas, ou seja, as que acreditam que irão se sentir melhor dentro de pouco tempo, tendem a se recuperar mais rapidamente do que outras, convencidas de que estão condenadas a um longo e doloroso período de recuperação. Eu mesmo já vi isso acontecer muitas vezes em numerosos pacientes safenados que tratei desde que esta prática cirúrgica foi implantada, no final dos anos sessenta. No ano passado, um parente distante submeteu-se a uma dessas operações. Ele acreditava absolutamente que iria se recuperar rápido. Três dias depois da grande cirurgia, que implica abrir o peito do paciente, ele já estava em sua casa, sentindo-se muito bem.

Nós, médicos, também sabemos que a crença de uma pessoa, ou seja, a interpretação que ela faz da realidade, pode transformar água pura num remédio poderoso e reduzir tumores. Como médico, eu acredito que tratar ou extrair um tumor é uma boa tática, principalmente quando o tumor é detectado num estágio inicial. Eu sempre dou preferência ao uso dos métodos tradicionais *mais* PPAP. Em seguida, vou contar uma história que serve para ilustrar o grande poder da interpretação.[2]

Nos nem tão distantes anos cinqüenta, uma droga muito controvertida, chamada Krebiozen, foi usada na terapia do câncer. Um paciente tinha uma doença maligna (câncer), altamente desenvolvida, envolven-

---

1. Scheier, MF *et al*: *Coping with Stress: Divergent Strategies of Optimists and Pessimists*. Journal of Personality and Social Psychology, 51:1257-1264, 1986.

2. Klopfer, B.: *Psychological variabilites in human cancer*. Journal Projective Techniques 21:331-40, 1957.

do seus nódulos linfáticos. Ele foi descrito como apresentando enormes tumores do tamanho de laranjas, no pescoço, nas axilas, no peito e no abdômen. O médico desse paciente estava lhe aplicando injeções de Krebiozen. Logo os tumores começaram a diminuir de tamanho e o líquido em seu peito desapareceu. Durante mais de dois meses, o paciente ficou livre de sintomas e muito entusiasmado com o Krebiozen. Na mesma ocasião, no entanto, a AMA [American Medical Association] realizou um estudo a respeito do Krebiozen. Relatórios preliminares foram publicados nos jornais, indicando que o produto não tinha nenhum valor no tratamento do câncer. Depois de ler esses artigos, o paciente ficou perturbado: afinal, estavam dizendo que o tratamento ao qual se submetera não tinha valor algum. Depois de dois meses sem maiores problemas, seu estado de saúde começou a deteriorar, à medida que ele ia ficando deprimido.

Alarmado com esse desenvolvimento, seu médico lhe disse que o Krebiozen era realmente um excelente remédio. Aplicou injeções de água no paciente, mas dizendo-lhe que era a droga. Os resultados foram impressionantes. O líquido dos pulmões desapareceu, os tumores do peito sumiram, e o paciente que mal conseguia sair da cama teve alta e passou a receber um tratamento em ambulatório. As injeções de água continuaram e logo o paciente sem sintomas foi totalmente liberado. Mas então publicaram os resultados finais e definitivos do estudo realizado pela AMA: o Krebiozen não tinha nenhum valor. Dias depois, o paciente voltou a ser internado, entrou num rápido processo de deterioração e morreu.

A "realidade" é que o Krebiozen não tem valor nenhum. Mas a substância funcionou quando médico e paciente acreditaram que funcionaria. O Krebiozen não mobilizou o sistema imunológico do paciente para combater os tumores. Esse crédito deve ser dado à crença do paciente, à sua interpretação da realidade. E também não foi a água que conseguiu derrotar o câncer; foi a crença do paciente.

A esperança é o futuro

É possível, em meio ao negativismo, preencher a própria mente com pensamentos positivos. Lembre-se: *Nem sempre podemos mudar a realidade dos "fatos concretos", mas podemos controlar as interpretações que temos da realidade.* Ser pobre mas feliz, cheio de desejos de sucesso, certamente é melhor do que ser pobre e infeliz, cheio de sensações de fracasso.

Esta sensação de sucesso é extremamente importante. Há algumas semanas, fui de avião para Filadélfia com a intenção de assistir ao desfile de Ano Novo — a Mumer's Parade, com seus carros alegóricos coloridos, seus participantes fantasiados, milhares de pessoas nas ruas, e sempre uma fonte de muitas lembranças. Como de costume, meu velho amigo Herbie e eu passeamos sem destino pelas ruas do bairro onde morávamos antigamente. Era maravilhoso estar de volta, embora o bairro continuasse tendo uma aparência extremamente pobre e estivesse mais deteriorado do que antes. Estávamos fazendo algumas fotos diante da nossa velha escola, a Thomas Junior High School, quando de repente uma bola de basquete passou por cima do muro e parou aos nossos pés. Joguei a bola de volta para um pequeno grupo de garotos, de dez ou doze anos, que estavam jogando no pátio da escola. Eles quiseram saber quem nós éramos e porque estávamos tirando fotografias. Quando eu lhes disse que Herbie e eu tínhamos freqüentado aquele mesmo estabelecimento, eles quiseram saber há quanto tempo havia sido isto.

"Nós nos formamos em 1941", respondi.

"Quando foi isto?", perguntou um dos garotos.

"Foi antes dos seus pais nascerem", disse eu.

Depois, outro garoto fez uma pergunta interessante: "No seu tempo esta escola também era uma porcaria?"

Eles não conseguiam definir exatamente o significado de "porcaria", mas no decorrer da conversa percebi que aqueles garotos estavam totalmente envolvidos com a "realidade" dos fatos concretos, tal como acontecia com muitos dos meus colegas há tantos anos atrás. Quando eu lhes disse que era médico, a reação deles foi de incredulidade. A idéia de que alguém daquele bairro "porcaria" pudesse chegar até onde eu chegara era algo além do que conseguiam imaginar.

Duas gerações se passaram desde os tempos em que eu jogava basquete naquele mesmo pátio. As crianças de hoje pertencem a diferentes grupos étnicos, mas elas são tão pobres quanto as de antes, e, como aquelas, possuem a mesma certeza de que o futuro é algo que não existe para elas. Ser pobre é uma desgraça. Ter a certeza de que não existe esperança é um desastre. Não importa onde você começa. O futuro está na esperança. O futuro está nos seus sonhos de como as coisas podem ser maravilhosas.

Receita: sonhando a realidade

> *"Primeiro, diga a si mesmo o que gostaria de ser; e depois, faça o que for preciso fazer."*
>
> — Epicteto

Como podemos desenvolver esta esperança? De que modo ensinar a nós mesmos como sonhar? Vamos examinar a ação "por dentro" e "por fora". Eu não consigo me lembrar o que aconteceu com a minha jaqueta de veludo amarelo, ou com aquele uniforme de escoteiro feito de retalhos que eu usava com tanto orgulho. Suponho que tenham sido repassados para alguma outra criança quando deixei de caber dentro deles. Não tenho mais a minha jaqueta nem o uniforme de retalhos, mas tenho uma peça redonda de vidro decorativo, pendurada na janela do escritório. Como se fosse uma torta, ela está cortada em muitos pedaços, cada um numa tonalidade ligeiramente diferente. Bruce, meu caçula, foi quem me deu esta peça. Minha mulher e eu costumamos chegar no escritório bem cedo todas as manhãs. Muitas vezes fico sentado à janela, olhando as belas casas de Beverly Hills. Quando a luz intensa reflete no vidro colorido e atrai a minha atenção, lembro do velho uniforme de retalhos, aquela coleção maluca de coisas juntadas de vários lugares. Tal como o velho uniforme, a luz é formada por um pouco de cada coisa. Acho que esta peça é bastante apropriada para me recordar de minha origem, enquanto estou sentado em meio a Beverly Hills, olhando para casas sofisticadas, a alguns quarteirões de distância do famoso Rodeo Drive.

E enquanto olho para os retalhos de luzes coloridas, lembro dos sonhos que sonhava, daqueles sonhos malucos que muitos disseram que jamais poderiam se tornar realidade. Olhando para aquela peça luminosa, agradeço a Deus pelo dom de sonhar. Olhando para a luz, sonho novamente, sabendo que os sonhos de hoje tornam possível a realidade que viverei amanhã. Olhando para a sonhadora luz de esperança, digo a mim mesmo:

Louve o sonhador que sonha o amor,
Ame o sonhador que sonha a alegria,
Alegre-se com o sonhador que sonha o sonho.

Salve o sonhador que sonha coisas boas,
Aplauda o sonhador que sonha o que pode ser.
Alegre-se com o sonhador que sonha o sonho.
Alegre-se com o sonhador que sonha sempre de novo.

Passe isto adiante

Agora que você já começou a sonhar, passe isto adiante. Ensine a alguém como se deve olhar para o futuro com feliz antecipação. No ano passado, um paciente bastante irritado me procurou no consultório com uma longa lista de sintomas mal definidos. E ele estava furioso: furioso com seu chefe, furioso por não ter a educação necessária para poder progredir, furioso com o "sistema" que "impede o meu avanço". Depois de conversar com o homem e examiná-lo, eu o mandei para fazer alguns exames de laboratório nas proximidades; logo depois, fui ao refeitório pesquisar a geladeira. Um garoto de uns doze anos estava sentado lá, comendo uma maçã. (Sempre deixamos uma cesta cheia de maçãs na sala de espera para os pacientes.) Perguntei quem ele era. "Manuel", respondeu ele, e começamos a bater papo. Manuel me contou onde morava, e eu imediatamente percebi que era numa região muito pobre de Los Angeles. Quando ele me disse que seu pai era porteiro e sua mãe empregada doméstica, me dei conta de que era filho do tal homem furioso. Durante a nossa conversa, ficou claro que o jovem Manuel não tinha muita esperança no futuro. Seus olhos ficavam fixos no chão enquanto falávamos. Sentado, ele dava a impressão de ter desabado na poltrona. Sua voz não tinha energia. Ele contou que sua família sempre tinha sido pobre, e que no seu bairro ninguém conseguia muita coisa.

"O que você quer ser quando crescer?", perguntei.

Pela primeira vez no decorrer da conversa, ele me olhou nos olhos. Por um breve instante, apareceu um brilho em seu olhar e uma dose de esperança em sua voz quando respondeu: "Eu quero ser médico." Em seguida, o brilho se apagou e a energia sumiu de seu corpo. Ele voltou a abaixar o olhar e disse num tom de derrota. "Mas isto é bobagem. Só gente rica consegue estudar medicina."

Será que a magia poderia funcionar outra vez? Fiquei de pé, apontei o dedo para ele e declarei com minha voz mais imperativa: "Você vai ser médico!"

Ele me encarou com a mesma expressão de espanto que eu devo ter feito há cinqüenta anos. "Você vai ser médico!", repeti. "Venha comigo." Peguei Manuel pela mão, levei-o para a minha sala e coloquei, o estetoscópio nas suas mãos.

"Isto é um estetoscópio", expliquei. "Com este instrumento, pode-se ouvir as batidas do coração do paciente." Coloquei as extremidades do aparelho nos seus ouvidos e a outra ponta no meu peito. "Você está ouvindo?", perguntei. "Preste atenção: tique-taque, tique-taque, tique-taque. Dois sons diferentes para cada batida."

Depois eu lhe mostrei uma radiografia e um eletrocardiograma, um oftalmoscópio e um aparelho de medir a pressão sangüínea. Eu ensinei-o a medir minha pressão. Fiz com que ele soprasse num tubo ligado a um aparelho para medir a força dos seus pulmões. Finalmente, eu o coloquei sentado atrás da minha mesa, com o estetoscópio pendurado no pescoço, para que imaginasse como seriam as coisas quando ele fosse um médico.

"Você vai ser médico!", repeti quando me chamaram para ver um outro paciente. "Não se preocupe em saber como irá conseguir isto, nem com o dinheiro ou com qualquer outra coisa. Simplesmente faça!"

Duas semanas depois, o pai dele voltou ao meu consultório para um novo exame. Em vez de continuar irritado, parecia ser um homem feliz, que me abraçou e disse: "O senhor conseguiu mudar a vida do meu filho. Ele passa o tempo inteiro afirmando que vai ser médico. Quando eu lhe disse para deixar de sonhar, ele respondeu que não estava sonhando, e que iria ser um médico de verdade." O homem ficou com os olhos cheios de lágrimas quando disse: "E ele realmente acredita que vai conseguir. Muito obrigado."

Eu realmente espero que o jovem Manuel se torne médico. Mas a maior de minhas esperanças é que, algum dia, o velho dr. Manuel aponte seu dedo para um garoto desesperançado e lhe diga com toda a convicção: "Você vai ser médico!"

Passe tudo adiante. Passe adiante os seus talentos, as coisas que aprendeu, suas idéias. E, principalmente, passe adiante a sua crença. Diga a alguém que fica constantemente olhando para baixo, vendo apenas a lama nos seus próprios sapatos, que ela pode sonhar com coisas grandes. Diga-lhe que os sonhos se tornam realidade — mas que é preciso sonhar.

Passe constantemente adiante a sua crença — esta é uma tarefa para toda a vida. Neste momento, porém, passe adiante algo de concreto. Dê a uma criança pobre um casaco amarelo de veludo. Dê-lhe um uniforme de escoteiro, uma faixa "Daisy", uma luva de beisebol. Dê-lhe alguma coisa para sonhar.

"Enfeitiçado por uma causa"

Li num jornal a história de um garoto chamado Dick York. Ele cresceu nas favelas ao norte de Chicago durante o período da Grande Depressão. Seus pais não trabalhavam com muita freqüência porque havia poucos empregos à disposição. Quando não podiam pagar o aluguel, um deles era obrigado a permanecer o tempo todo dentro do pequeno apartamento, caso contrário, o proprietário os deixaria do lado de fora. Dick presenciou brigas entre seu pai e outros homens por causa de comida encontrada no lixo. Quando Dick tinha onze anos, seu irmãozinho, ainda bebê, morreu. Não havia dinheiro para pagar o enterro, de forma que ele e seu pai pularam o muro do cemitério tarde da noite, cavaram um buraco e enterraram a criança dentro de um caixão improvisado com uma caixa de sapatos.

A realidade concreta de Dick era pavorosa. Como se explica então que ele afirme ter tido uma infância feliz? Sua interpretação da realidade lhe dizia que as coisas iriam melhorar. E realmente melhoraram. Alguém o ouviu cantando, uma coisa levou à outra e, aos quinze anos, Dick estava estrelando um programa radiofônico na CBS chamado *That Brewster Boy.* Ele cresceu, se apresentou na Broadway, participou de alguns filmes, e depois se tornou famoso como Darrin Stevens, o homem mortal com sorriso de bobo casado com a linda feiticeira Samantha, na série de televisão *A Feiticeira.*

Um terrível ferimento na coluna fez com que ele se viciasse em analgésicos, em pílulas para dormir e outros medicamentos. Durante as gravações para a série, ele teve um colapso, foi afastado e passou os dezoito meses seguintes constantemente dopado. Apesar de ter conseguido se livrar do vício, não foi possível recuperar a carreira como ator. Por ter fumado durante anos. desenvolveu um enfisema, uma doença mortal dos pulmões. O outrora tão promissor jovem ator acabou, aos sessenta anos de idade, sem dinheiro, vivendo com uma pequena aposentadoria num bangalô. Alguns poucos passos eram suficientes para lhe tirar o fôlego. Ele passava a maior parte do tempo sentado numa cadeira, com um tubo de oxigênio enfiado nas narinas.

A realidade concreta de Dick era terrível. Mas ele continuava feliz, sempre muito animado levando adiante seus planos para ajudar os necessitados. Ele não podia se locomover muito, mas era capaz de falar pelo telefone. As pessoas ainda se lembravam de Darrin Stevens, de modo que ele usava sua celebridade para ajudar os pobres. Ele se tornou uma possante máquina de pressão, conversando com burocratas, assistentes sociais, entidades beneficentes e políticos. Participou de programas de rádio para divulgar seus projetos. Conseguiu quinze mil peças de sobras de uniformes militares e fez com que milhares de catres e cobertores fossem retirados dos depósitos e entregues aos pobres. Ao ficar sabendo que desabrigados estavam necessitando de roupa íntima, conseguiu que milhares de cuecas e calcinhas fossem enviadas ao abrigo. O Exército da Salvação recebeu cinco mil latas de suco de laranja concentrado graças aos esforços de Dick York.

Ele mesmo costuma se descrever como "um astro fracassado com um tubo enfiado no nariz". Eu prefiro descrevê-lo como sendo a prova viva de que a realidade dos fatos concretos muitas vezes pouco tem que ver com o resto. Sem dispor de coisa alguma, além de um sonho e de sua determinação, ele está conseguindo alimentar milhares de pessoas. Aleijado, sem dinheiro, incapaz de andar mais do que alguns poucos passos, esperando pela morte certa, ele continua alegremente fazendo planos para ajudar os outros. E — quem sabe? — é possível que, graças a Dick, algum garoto tenha ganho uma jaqueta de veludo amarelo com um zíper na frente e três botões na manga.

Resolvendo a equação

A vida é uma colcha de retalhos, feita de todas as coisas que acontecem conosco e de todas as coisas que pensamos. Cada fato, cada interpretação se torna parte integrante da nossa colcha de retalhos. Alguns destes fatos nós podemos modificar, outros não. Mas geralmente podemos moldar nossa interpretação dos fatos. E quando mudamos a interpretação do que está acontecendo, mudamos o trajeto descrito por nossas vidas. Mudando a interpretação do que aconteceu, podemos mudar a realidade do que irá acontecer. Um garoto que aprende a encarar a vida com um sorriso no lugar de uma testa franzida pode superar todos os obstáculos, sejam eles quais forem. Um menino que se alimenta de lixo pode se manter vivo e se tornar um ator famoso. Um ator aleijado pode alimentar e vestir milhares de outras pessoas.

Trata-se de uma equação negativa/positiva. Um garoto pobre que mal consegue ler uma partitura se torna um grande compositor popular. Um aleijado escala uma montanha. Uma garota paralítica desde pequena se torna uma excelente cirurgiã. Tudo está na equação. Começa-se com uma longa lista de fatos terrivelmente negativos, mas acaba-se com uma lista ainda maior de coisas positivas. A única coisa que se precisa acrescentar é um sonho.

Sonhar funciona, desde que você queira. A única coisa que você precisa fazer para que funcione é se mostrar disposto a sorrir e a acreditar.

CAPÍTULO TRÊS

O SONHO DE RAQUEL

"Todos os homens de ação são sonhadores."
— James Huneker

O destino não foi bom com Raquel. Quando estava com quatro meses de idade, sua mãe morreu de tuberculose e ela foi enviada para outro Estado, onde seria criada por uma tia. O irmão e a irmã foram encaminhados para outros parentes, ao passo que o pai continuou em Ohio, tentando ganhar a vida. Isso não era fácil, porque o país estava passando pela pior fase da Grande Depressão. Uma tia nunca é totalmente capaz de substituir a mãe, é claro, mas Raquel era feliz com sua nova família. Ela era bem tratada e havia dinheiro suficiente para aquecer e alimentar a menina; tinha também muitos brinquedos à disposição e um estoque infindável de tias, tios e primos. Raquel era a caçula da família, a mais jovem entre todos os primos, uma criança feliz que vivia rindo. Uma vez por mês, ela acompanhava a tia num "*tour* bancário". As duas passavam o dia inteiro indo de banco em banco, depositando um dólar aqui e outro ali. A tia, que perdera todas as suas economias quando os bancos faliram, resolvera espalhar suas poupanças para se proteger contra alguma outra eventualidade.

O pai de Raquel se casou novamente, de modo que, aos cinco anos de idade, a menina voltou para Ohio. A família estava finalmente reunida. Seu pai tinha um emprego fixo. Não demorou muito para que Raquel encontrasse uma outra menina, que se tornou sua melhor amiga, Sally. Ocasionalmente, até sobrava um pouco de dinheiro, o que permitia que Raquel fosse de bonde para a escola. Obviamente, se fizesse o percurso a pé, ela podia usar o dinheiro da passagem para comprar uma barra de chocolate de marca Hershey, uma delícia rara e celestial. A própria Raquel me contou como saboreava o tal chocolate Hershey. Não se mastigava o chocolate, de jeito algum. Dava-se uma pequena mordida na barra e ficava-se com este pedaço na boca. À medida que o chocolate derretia, era empurrado de um lado para o outro da boca, recobrindo os lábios, as gengivas e o céu da boca com chocolate morno e líqüido. Infelizmente, a nova mãe de Raquel era o protótipo da madastra má. "Má" talvez não seja a palavra certa para descrevê-la; ela era emocionalmente perturbada, uma mulher doente. Sua grande raiva, que ninguém conseguia entender, era descarregada em Raquel e em seus irmãos. O irmão de Raquel, dez anos mais velho, era suficientemente forte para se defender. De qualquer forma, ele não ficou muito tempo com a família. Sua irmã mais velha, uma garota durona, sofria física e emocionalmente, mas nunca se submetia. Raquel, no entanto, era uma menina sensível, uma garota tranqüila, incapaz de se proteger dos humores e acessos da madrasta. Muitas vezes, sem que houvesse qualquer motivo aparente para isto, a madrasta invadia o quarto das meninas, empunhando um chicote. Quando não conseguiam escapar rapidamente pela janela, Raquel e sua irmã eram surradas. A madrasta com freqüência também trancava a porta da casa, obrigando as crianças e o pai delas a ficarem do lado de fora durante a noite inteira, no frio inverno de Ohio. Quando isto acontecia, todos se instalavam da melhor forma possível no caminhão do pai. Num dia maravilhoso, Raquel teve uma festa de aniversário, uma grande comemoração de verdade, com bolo, enfeites e amigos. Ela até ganhou alguns pequenos presentes. Raquel estava, como ela mesma diz, "em estado de glória", sentindo-se no topo do mundo. Mas assim que seus amigos foram embora, a madrasta começou a gritar por causa da confusão deixada. Ela agarrou a pequena aniversariante e começou a bater sua cabeça na parede. Segurando a menina pelos cabelos e batendo sua cabeça na parede, a madrasta lentamente foi chegando cada vez mais perto de um prego enorme. Antes que a cabeça de Raquel encontrasse esse prego, sua irmã mais velha agarrou a madrasta e ameaçou-a com uma grande frigideira. Raquel conseguiu fugir e foi se esconder na garagem.

Por que o pai de Raquel não protegia os filhos? Ele era um homem muito calmo, tranqüilo e gentil, como sua filha caçula, e não era páreo para a mulher mentalmente doente com a qual se casara. E quando ele se sentia suficientemente forte para enfrentá-la, ela rapidamente o derrotava, ameaçando denunciá-lo às autoridades. Ele era um imigrante ilegal e vivia apavorado com a possibilidade de ser deportado.

Como os tempos eram muito difíceis, Raquel e sua família nunca sabiam se haveria alguma coisa para comer no jantar. Mudavam freqüentemente de endereço, sempre procurando escapar dos cobradores de dívidas. Mesmo assim, havia momentos de felicidade. Havia alegrias simples, como o prazer da leitura. Eles riam dela e diziam que ela era um rato de biblioteca, mas Raquel adorava ler. Todas as semanas, ela vinha da biblioteca carregando uma pilha de livros novos. É possível que para ela os livros representassem uma possibilidade de escapar da vida que levava, nem que fosse apenas durante algumas poucas horas. E havia também as amizades; boas amigas como Sally. Quando fala a respeito de sua infância, o que não ocorre com muita freqüência, Raquel menciona seu bondoso pai, a leitura, as barras de chocolate Hershey e sua amiga Sally. Embora tivesse um agudo senso de humor, Raquel era muito calada e tímida, o tipo de garota que não chamava a atenção. Ela provavelmente desenvolveu esta característica como autodefesa: quanto mais invisível fosse em casa, mais segura se sentia. Ela também tinha um forte senso de dever. Sempre lustrava os sapatos do pai uma vez por semana, porque queria que ele tivesse a melhor aparência possível. Anos mais tarde, no dia do seu próprio casamento, vestida de noiva, ela lustrou os sapatos dele, como sempre tinha feito.

Realmente, o destino não foi bom com Raquel, apesar de lhe ter dado um dom muito especial: a capacidade de sonhar. Ela nos contou que tinha centenas de sonhos, um para cada ocasião. Quando seu aniversário passava em brancas nuvens, sem festa e sem presentes, ela sonhava com as maravilhosas festas que iria organizar para seus próprios filhos. Quando ia dormir com fome, sonhava com os enormes banquetes que prepararia para sua família e para os amigos. Quando sua madrasta a espancava cruelmente, ela sonhava em ter uma filha, que seria muito amada e sempre protegida. "Quando as coisas estavam muito ruins", contou-nos ela, "eu sonhava como tudo ficaria maravilhoso algum dia, no futuro."

Para cada problema que a vida lhe apresentava, Raquel tinha um sonho. Para cada sonho destruído, ela criava um novo. E, acima de tudo, ela tinha o sonho que lhe fora dado pela tia. "Ela me disse que na época, por ser criança, eu tinha pouco controle sobre as coisas. Mas que logo eu ficaria adulta e poderia moldar o mundo do jeito que eu quisesse."

A pequena Raquel, a menina tímida, apavorada e espancada, era uma verdadeira fábrica de sonhos. Atualmente, mãe dos seus próprios filhos e também de filhos adotivos, ela tem cinco netos e costuma dizer: "Sonhar era a única forma pela qual eu conseguia me defender. Principalmente", acrescenta ela, "quando minha madrasta me dizia que eu não servia para nada, quando ela fazia com que eu me sentisse um fracasso imenso. Nessas ocasiões, minha reação era sonhar que fazia alguma coisa."

Exatamente como Mitchel, o piloto; como Sally, a sobrevivente dos campos de concentração; como Mark, o pequeno jogador que finalmente conseguir se tornar um herói; Raquel também era uma lutadora, uma vencedora. Sua arma era um estoque interminável de sonhos. E quando um deles não dava certo, isso não tinha importância; tinha milhares de outros sonhos sempre à sua disposição.

Sonhe um pequeno sonho

No curso de medicina nos ensinam que os sonhos são assunto para os psiquiatras; nossa função era ver as coisas de modo científico. Bem, por melhor que a ciência possa ser, ela ainda precisa desvendar os poderosos mistérios dos sonhos. Essas imagens que colocamos dentro de nossas cabeças, essas projeções do que queremos que aconteça, são muito reais, e têm um efeito muito real sobre nós. Como é que um sonho, uma ilusão, consegue modificar a nossa bioquímica, alterar nosso sistema imunológico e fazer com que os oprimidos se tornem poderosos? Tudo isto parece ser uma bobagem. Afinal, não é científico.

Algumas palavras a respeito do "científico". A ciência é um excelente instrumento, uma maravilhosa abordagem para o aprendizado. O método científico nos ajudou a desvendar muitos dos mistérios da natureza, a fazer transplante de corações e a enviar foguetes à Lua. Contudo, quando louvamos a ciência, não devemos perder de vista o fato de que ela é apenas uma das abordagens possíveis para o aprendizado. Suas forças são muitas, mas são limitadas.

Quando queremos menosprezar alguma coisa, dizemos que ela "não é científica". No entanto, o fato de o método científico não conseguir explicar alguma coisa não significa necessariamente que essa coisa seja ruim ou inútil. Dizer que uma coisa não é científica significa apenas que a ciência é incapaz de explicá-la. Não existe nada de errado com essa coisa. A falha está, isto sim, na inadequação da ciência. Por definição, as coisas que não são científicas não são boas ou ruins. Elas simplesmente estão, agora e possivelmente para sempre, além do âmbito da ciência.

Os sonhos não são científicos porque, por enquanto, a ciência não conseguiu dissecá-los e defini-los. Mas, como médico, posso afirmar que os sonhos são muito poderosos. Barry e eu já escrevemos sobre muitos pacientes que, na minha opinião, só sobreviveram porque tiveram a ousadia de sonhar que isto seria possível. Pode não ser uma recomendação muito científica, mas eu aconselho: vá em frente e sonhe um pequeno sonho. Sonhe um grande sonho. Sonhe mil sonhos.

A ciência dos sonhos

Tendo afirmado que, se os sonhos não são científicos, isto se deve a uma falha da ciência, gostaria de mencionar que alguns pesquisadores estão começando a encarar de forma científica os mistérios da mente. Na UCLA (Universidade da Califórnia, em Los Angeles), pesquisadores trabalharam com um grupo de atores instruídos para interpretar cenas felizes e cenas tristes. A representação, tal como o sonho, também é uma maneira de "fazer de conta".

Eles eram atores que tinham aprendido o "método" e se lançavam completamente nos seus papéis. Queriam "tornar-se" as personagens que estavam interpretando; queriam sentir, cheirar, tocar, respirar e ver tudo exatamente como suas personagens fariam.

Como já disse, os atores foram instruídos a interpretar cenas "felizes" e cenas "tristes". Mediu-se uma secreção, a imunoglobulina A, ou IgA, um indicador da força do sistema imunológico. A IgA é um anticorpo encontrado na boca e em outros lugares, que serve para proteger o aparelho respiratório e outras partes do corpo.

Quando os atores interpretavam as cenas "felizes", seus índices de IgA aumentavam. Mas quando mergulhavam nas cenas "tristes", registrava-se uma diminuição nesses índices. Em outras palavras, o ato de representar (sonhar) incentivava ou reprimia o seu sistema imunológico. Como meus professores me explicaram na faculdade de medicina, a psique desempenha um grande papel na nossa saúde física, mesmo quando estamos apenas interpretando o papel.

Em 1979, uma das minhas pacientes, uma atriz conhecida e extremamente bonita, procurou-me queixando-se de ansiedade, palpitações, dor de cabeça e outros problemas. Era óbvio que ela estava sofrendo os efeitos negativos do *stress*. Mas de onde se originava esse *stress*? Eu a acompanhei ao estúdio cinematográfico em Burbank, situado perto de Beverly Hills, do outro lado de Hollywood Hills. Ali, no centro de um enorme e empoeirado pavilhão, semelhante a um hangar de aviões, tinha sido montado o cenário suntuoso de um dormitório, cercado de cadeiras, câmeras e outros equipamentos. Atores, eletricistas, assistentes, técnicos, curiosos e muitas outras pessoas estavam espalhados por todos os lados, comendo, bebendo, conversando e, na maior parte das vezes, dando a impressão de estarem extremamente entediados. Eu achava que estar num estúdio de cinema era algo excitante, mas para eles aquilo não tinha a menor graça.

Minha paciente apareceu, usando os figurinos sofisticados do seu papel, e sentou-se ao meu lado. Trouxera alguns equipamentos comigo, de modo que, enquanto eles rodavam uma cena sem a participação dela, aproveitei para verificar a pressão sangüínea, os batimentos cardíacos, e fiz um rápido eletrocardiograma. Também verifiquei a tensão muscular aplicando um eletrodo em sua testa. Medi a temperatura dos dedos, a transpiração e a impedância elétrica de suas mãos, além de fazer alguns exames de sangue.

Depois o diretor a chamou, e ela foi trabalhar. O ator principal estava deitado na cama, supostamente adormecido. Enquanto eu observava tudo muito fascinado, minha paciente interpretou uma cena na qual ficava furiosa e o matava a punhaladas. Eu sabia que tudo era apena um filme, mas ela foi tão convincente que acreditei nela. O diretor gritou "Corta!" e ela rapidamente voltou para onde eu estava, permitindo assim que eu a reavaliasse. Suas mãos estavam frias, úmidas e tremiam muito. A pressão sangüínea tinha aumentado. Ela estava com taquicardia (batidas rápidas do coração). A temperatura da pele dos dedos tinha caído em mais de vinte graus Fahrenheit. A condutividade elétrica da pele também tinha se modificado. A tensão muscular aumentara de forma acentuada. Estas e outras medições indicavam que essa atriz interpretava seu papel tão bem que conseguia convencer não apenas o público, mas também seu próprio corpo. O corpo reagia ao perigo e às emoções que ela fingia sentir. O faz-de-conta conseguia alterar completamente o funcionamento químico do seu corpo de um momento para o outro. E algumas dessas mudanças exerciam efeitos duradouros e negativos sobre a sua saúde. No entanto, tudo não passava de sonho.

Nós não somos atores e nem somos capazes de interpretar cenas felizes ou tristes com a intensidade deles. Mas todos somos sonhadores, e em nossos sonhos somos os maiores atores do mundo. Vamos entrar em ação. Vamos sonhar o sonho. Estes pensamentos positivos podem levar a ações positivas.

Sem sonhos para sonhar

Numa manhã recente, uma bela mulher me procurou no consultório, queixando-se de dores no estômago e nas costas. Depois de ter ouvido toda a sua história médica e pessoal, e depois de tê-la examinado, sentamos em minha sala para conversar. A conversa mal tinha começado quando ela declarou: "Eu sou um fracasso." (Eu sempre fico arrepiado quando as pessoas me dizem isto.) A mulher, Alicia, me disse que tinha quarenta e cinco anos, e imediatamente começou a chorar. Depois de se controlar, contou-me que tinha desistido de uma pequena mas bem-sucedida empresa para poder se transferir para Los Angeles e casar; a união durou apenas três anos; o processo de divórcio foi muito amargo; quando tentou iniciar uma nova empresa, fracassou; e assim por diante, desgraças e mais desgraças. "Eu sou um fracasso", repetiu ela várias vezes.

Quando lhe perguntei com o que costumava sonhar, ela me encarou como se eu fosse um marciano. "Sonhar? Eu nunca sonho com coisa alguma."

"Quais são as grandes coisas que você espera para si mesma?", perguntei.

"Eu sou incapaz de fazer coisas grandes. Pessoas fracassadas como eu não têm nada para sonhar."

Alicia era mesmo um fracasso? Bem, seu casamento e sua segunda empresa não deram certo. Mas sua primeira empresa tinha sido bem-sucedida. No decorrer da nossa conversa, ela admitiu que tivera muitos sucessos em sua vida. É verdade que passara por alguns retrocessos consideráveis, mas não era um fracasso. O problema estava todo na sua maneira de perceber as coisas. Ela achava que era um fracasso.

Alicia não era um fracasso; ela era como uma atriz interpretando o papel de uma pessoa fracassada, repetindo constantemente a representação de uma cena infeliz. Ela interpretava toda essa cena infeliz e era incapaz de colocar o roteiro de lado. Ela repetia e voltava a repetir sempre a mesma cena terrível, nunca virando a página para chegar à cena seguinte, nunca optando por um roteiro diferente.

Levante a cortina do sucesso

Todos nós, sem exceção, fracassamos num ou noutro ponto na vida, mas não somos fracassados. As pessoas freqüentemente revelam seus sentimentos mais íntimos em conversas com os médicos. Muitos pacientes já me contaram, em lágrimas, que são fracassos absolutos e miseráveis em todos os sentidos imagináveis. No entanto, quando examinamos detalhadamente suas vidas, constatamos que não são fracassos de forma alguma. São apenas atores tão envolvidos numa cena infeliz que se esqueceram de virar a página. Até hoje não consegui encontrar uma única pessoa que nunca tenha feito pelo menos uma coisa boa em sua vida, que não possa optar por uma página melhor no seu próprio roteiro. E também ainda não encontrei alguém que, desde que eu consiga fazer com que pense em pelo menos um sucesso que tenha tido, não comece a agir de forma melhor.

Eu disse a Alicia que nem mesmo uma longa seqüência de erros e retrocessos significa que uma pessoa seja um fracasso. Mesmo que você seja um fracasso numa área da sua vida, como a profissão ou o casamento, sempre existem muitas outras áreas. A vida é multifacetada. Pensando bem, chega-se à conclusão que até mesmo a pessoa de maior "sucesso" do mundo provavelmente fracassa em mais coisas do que as que conseguem fazer direito. Conheço um excelente programador de computadores que mal consegue escrever uma frase completa, e que perde em todas as modalidades esportivas para qualquer criança de dez anos. Conheço um diretor de cinema muito "bem-sucedido", odiado pelos filhos por ser uma pessoa intolerável na intimidade. Sou um médico "bem-sucedido" em Beverly Hills, mas encontro dificuldade em qualquer tarefa mais técnica do que atarraxar uma lâmpada. Tive de pedir que Barry viesse me explicar como funciona um novo despertador elétrico que minha mulher comprou. Considerando nossos diferentes talentos e inclinações, todos temos desempenhos melhores em determinadas áreas e piores em outras.

Um caminho técnico para onde?

Nos meus tempos de escola secundária, existiam três caminhos ou modalidades de curso: técnico, empresarial e preparatório para a universidade. O técnico era para os garotos que a escola não considerava muito brilhantes. Fiz o técnico. Tive aulas práticas mexendo com madeira, com metais, com coisas elétricas, freqüentando todos os tipos de oficina imagináveis. Eu era incapaz de fazer qualquer coisa. Eu não conseguia serrar a madeira em linha reta, não conseguia bater um prego, e torcer um pedaço de metal da maneira desejada era uma impossibilidade total. Certa vez, na oficina de eletricidade, provoquei um curto-circuito generalizado. Não foi apenas na minha banca, mas na oficina toda. Eu era tão desastrado que chegava a ser perigoso. O professor costumava me dar um níquel para que eu ficasse fora da sala, e não era apenas deste curso que eu era excluído. Certa vez, passei um mês inteiro sentado num banco diante da sala do diretor da escola primária.

Eu não tinha permissão para voltar à classe antes que minha mãe fosse conversar com o diretor. Mas como eu conhecia muito bem o peso da sua mão, eu não queria contar que estava sendo obrigado a passar o tempo sentado naquele banco. E provavelmente estaria sentado lá até hoje se uma vizinha não me tivesse visto e contado à minha mãe.

Se eu sou um sucesso? É bem verdade que consegui recuperar muitas pessoas que estavam à beira da morte, mas, como todos os médicos, também cometi meus erros. Eu me dou muito bem com alguns dos meus filhos, ao passo que com outros o relacionamento ainda está se desenvolvendo. Alguns dos meus filhos são garotos "positivos" com uma grande fé neles mesmos, ao passo que outros continuam se debatendo. Consegui montar um consultório que funciona muito bem, mas, por outro lado, fui enganado por muitos espertalhões e até por gente que não era tão esperta assim. Ganhei muito dinheiro mas também perdi bastante. Houve um período em que parecia que iríamos perder tudo. Somando tudo, eu acho que provavelmente tive mais fracassos do que sucessos na vida.

O roteiro da minha vida está cheio de cenas de fracasso e de infelicidade. Mas também há cenas de sucesso e de felicidade. Sempre que chego a uma cena difícil, procuro interpretar meu papel e depois viro a página. Mas quando chego a uma cena feliz, eu procuro saborear meu papel e me lembrar de todos os detalhes. Se eu sou um sucesso? Sim, sou; mas apenas porque tenho o costume de focar as coisas boas que fiz. Examino as coisas ruins (na esperança de aprender alguma coisa com elas), e depois desvio minha atenção para as coisas boas. Quando olho para o futuro, meus olhos estão cheios de sucessos passados.

Um homem aleijado sonha que irá escalar uma grande montanha. Uma menina, atormentada pela madrasta meio louca, sonha com a felicidade que irá proporcionar aos seus próprios filhos. Um garoto forçado a freqüentar cursos técnicos sonha que se tornará médico. Essas pessoas eram sonhadoras. Eram atores interpretando cenas no teatro da sua imaginação, cenas que ainda não tinham sido escritas. Eles estavam escrevendo as cenas que queriam desempenhar no futuro. Sonharam um pequeno sonho de coisas grandes.

Os fracassados são simplesmente as pessoas que empacaram em cenas tristes e de infelicidade. Um fracasso pode se transformar num sucesso, desde que você feche a cortina, vire a página e depois levante a cortina outra vez para uma cena nova. E mesmo quando estiver passando pelas cenas mais duras, lembre-se de continuar sonhando com as cenas boas que ainda estão pela frente.

Sempre um sonho

Se somos atores, também somos autores. Os sonhos são o nosso material. A pequena Raquel era uma autora muito prolífica; tinha mil sonhos, um para cada ocasião. Outros escrevem apenas uma única cena, repetindo-a e aprimorando-a constantemente. Mas e quando não se tem um sonho, como no caso de Alicia? Muitas pessoas que passaram por maus bocados na vida me perguntaram a respeito do que poderiam sonhar. "Todas as minhas esperanças foram despedaçadas", disse-me uma mulher. "Meu marido e meus filhos morreram num desastre de automóvel. Eu tive uma perna amputada. O responsável pelo acidente não tinha feito seguro. A empresa de seguros do meu marido continua retendo o dinheiro por causa da uma questão técnica. Perdi minha casa, não tenho mais coisa alguma. Com o que poderia sonhar?"

Eu consigo imaginar um pouco como essa mulher se sente, porque também perdi um filho. Sei que às vezes é muito difícil forçar o afastamento das cenas de infelicidade. Sei que tendemos a ficar presos, e que não conseguimos acreditar que o futuro nos reserve alguma coisa além de mais cenas infelizes. Quando se está parado à beira do túmulo de um filho, vendo o caixão sendo abaixado, com o que seria possível sonhar?

Há alguns anos, uma mulher chamada Candy Lightner perdeu um filho atropelado por um motorista bêbado. Candy sonhou em retirar os motoristas bêbados das estradas, para impedir que outras mães tivessem de enterrar seus filhos. O sonho de Candy deu origem à MADD (Mother's Against Drunk Driving = Mães Contra Motoristas Embriagados). Seu sonho fez uma grande diferença. Seu sonho conseguiu salvar muitas vidas ajudando a modificar nossas leis e nossas atitudes em relação a motoristas alcoolizados. A partir do maior desespero que consigo imaginar originou-se o sonho de Candy. E seu sonho deu um grande tesouro a pessoas em toda parte: vidas foram salvas porque diminuiu o número de motoristas bêbados nas estradas.

Sempre existe um sonho bom para ser sonhado. Os maiores sonhos podem ter sua origem nas noites mais sombrias.

QUE SONHO VOCÊ PODE SONHAR?

> *"Eu acho que a maior recompensa pelo fazer é a oportunidade de fazer mais."*
>
> — Jonas Salk

Alicia disse que não tinha nenhum sonho para ser sonhado. Quando as pessoas me dizem que não sabem a respeito do que poderiam sonhar, eu costumo perguntar-lhes:

- *O que é importante para você?*
- *O que lhe traz lágrimas aos olhos?*
- *O que deixa seu pulso acelerado?*
- *O que faz você sorrir?*
- *O que faz você se sentir bem consigo mesmo e como poderia fazer outros se sentirem assim também?*
- *Que injustiça lhe dá vontade de ajudar os outros?*
- *O que faz você pensar em frases que começem com: "Ah, se..."*
- *O que você está aguardando para o futuro?*
- *Do que você se lembra com prazer?*
- *O que você gostaria de poder fazer?*
- *Quando criança, o que você gostava de fazer?*
- *O que você queria ser quando crescesse?*
- *O que você gostaria de ter feito por uma pessoa amada que já morreu?*
- *O que você gostaria que todos fizessem pelas pessoas amadas, antes que elas morram?*
- *Como você faria uma criança triste sorrir?*
- *O que você gostaria de poder fazer pelos menos privilegiados?*
- *Quais são os seus planos para fazer deste país, ou deste mundo, um lugar melhor para se viver?*

Eu me sento com os meus pacientes, fazendo-lhes perguntas deste tipo. Suas respostas geralmente são suficientes para lhes fornecer alguns sonhos. Quando, mesmo assim, eles continuam não conseguindo imaginar um sonho, eu lhes conto quais eram os sonhos dos meus pais: uma vida melhor para mim, o único filho que tiveram. Meus pais concretizaram seu sonho trabalhando muitas horas extras, tentando me ajudar a resolver deveres de casa que eles mesmos não conseguiam compreender, economizando seus níqueis para me comprar uma luva de beisebol ou um chapéu de escoteiro, incentivando-me a querer alcançar as estrelas. Eles nunca conseguiram ganhar muito dinheiro, nunca ocuparam posições de liderança, nunca inventaram algo de novo, mas foram pessoas muito bem-sucedidas.

Cada pai e cada mãe que se sacrifica para colocar um sorriso no rosto do filho é um grande sucesso. Cada filho crescido que cuida do pai ou da mãe idosa é um sucesso. Qualquer pessoa que ajude os outros, que faça deste mundo um lugar ligeiramente melhor, é um grande sucesso.

É fácil conseguir o sucesso. Basta que você vá adiante com o seu grande sonho de ajudar os outros. Sonhos são fáceis de serem encontrados. Existem milhares de sonhos dentro de você. Permita que um deles saia fora e procure concretizá-lo. Dessa forma, você será um grande sucesso.

Como passar a longa noite sonhando

Candy Lightner continuou acalentando o seu sonho do movimento MADD por muito tempo, passando por grandes dificuldades antes de atingir resultados positivos. Por quanto tempo se pode sustentar um sonho? No dia 23 de fevereiro de 1991, o jornal *Los Angeles Times* publicou um artigo intitulado "The Downstairs Diva". Parece que uma mulher chamada Ealynn Voss, filha única de imigrantes alemães pobres, queria ser cantora de ópera. Depois de terminar seus estudos, ela se submeteu a muitos testes, chegando até a viajar pela Europa à procura de papéis que pudesse cantar, em meados dos anos setenta. Como ninguém lhe ofereceu emprego, acabou em Malibu, na Califórnia, trabalhando como babá.

Além de tomar conta das crianças, ela cozinhava e lavava o chão. Ela contou como, no final de cada um destes dias cansativos, ela ficava olhando para o oceano, sentindo "uma sensação de grande desencorajamento".

Apesar de todo esse desencorajamento, ela nunca abandonou seu sonho. Se não podia ser uma grande cantora de ópera, pelo menos podia responder a um anúncio classificado procurando alguém para dirigir o coro da igreja local. Ela conseguiu o emprego, e também fez alguns solos em uma outra igreja. Um ex-cantor de ópera a ouviu e entendeu o seu sonho. Durante seis anos, o cantor aposentado e sua mulher trabalharam com Ealynn e a ensaiaram. Quando acharam que ela estava pronta, enviaram fitas gravadas a antigos conhecidos do mundo operístico. A estratégia funcionou.

Em 1988, a babá-cantora viajou pelos Estados Unidos, pela Europa e pela Austrália. Hoje, aos quarenta e um anos de idade, seu sonho de infância finalmente se realizou. Ela debutou na Los Angeles Music Center Opera, numa encenação da ópera *Elektra* de Richard Strauss. Sua agenda prevê apresentações com a New York City Opera, e ela já tem um outro grande contrato com a Los Angeles Music Center Opera, para 1993, quando interpretará *Aída*.

O fato de crescer pobre nunca a impediu de sonhar. O fato de não conseguir um emprego como cantora também nunca a impediu de sonhar. Catorze anos cuidando de crianças e lavando chão nunca a impediram de continuar sonhando em ser uma grande estrela da ópera. As páginas foram sendo viradas. A cortina subiu para mostrar uma grande cena nova na vida de Ealynn. Os holofotes agora estão apontando para ela porque ela nunca deixou de acalentar o seu sonho.

Ealynn não é a única que sabe como se manter perseverante em relação a um sonho. Logo abaixo do artigo a respeito dela, o jornal publicou uma notícia sobre dois *swings*. Os *swings* são atores que ensaiam para serem substitutos de todos os papéis de uma peça. Esses dois *swings*, Kerrianne Spellman e Daniel Friedman, memorizaram cada frase, cada passo, cada nota cantada dos vinte e sete diferentes papéis que existem no grande musical *Les Miserables*. Eles geralmente chegam ao teatro sem saber se irão aparecer no palco e qual papel irão interpretar. Tudo depende de quem não estiver disponível naquela noite.

Eles gostariam de ser os titulares da peça, não os substitutos. Mas até lá, eles sonham com o que poderá acontecer.

Como participar da corrida

A história está repleta de sonhadores que nunca desistiram dos seus sonhos, pouco importando quantas vezes tenham sido desencorajados pelo fracasso. Mahatma Gandhi se esforçou durante anos e anos para conseguir libertar seu país. Martin Luther King lutou e morreu pelo seu grande sonho. Quando eu era criança, um homem chamado Glen Cunningham estava vivendo seu sonho. Cunningham, o grande fundista norte-americano dos anos trinta, quando criança sofreu sérias queimaduras nas pernas, por ocasião de um incêndio em sua escola. Os médicos achavam que talvez ele nem pudesse voltar a andar. Bem, ele conseguiu voltar a andar e depois passou a correr. No percurso de uma milha, ele estabeleceu recordes escolares, universitários, depois nacionais e mundiais. Ele representou os Estados Unidos por duas vezes nas Olímpiadas, ganhando uma medalha de prata em 1936. Por que um garoto que, segundo os médicos, talvez não pudesse voltar a andar, haveria de sonhar em ser um corredor de categoria mundial? Por que não?

Barry e eu já participamos de várias "minimaratonas" na UCLA, no Rose Bowl, em Century City e em outras partes de Los Angeles. Em todas elas, os corredores são divididos em categorias de acordo com a idade e o sexo. E geralmente existe uma categoria especial: a dos corredores em cadeiras de rodas. Esses rapazes e moças perderam o uso das pernas, mas se instalam em cadeiras de desenho especial, para competirem pelas medalhas de ouro. Numa corrida de dez quilômetros, Barry, junto com todos os demais presentes, aplaudiu de pé quando um senhora de setenta anos e cabelos totalmente brancos cruzou a linha da chegada.

Conhecemos outra pessoa que está correndo, tentando ver o seu sonho tornar-se realidade antes que seus olhos se fechem para sempre. Debra é uma mulher que, como a pequena Raquel, sofreu abusos tremendos por parte de uma madrasta enlouquecida. Como Raquel, Debra sonhava amar muito seus próprios filhos, dando-lhes tudo o que havia sido negado a ela mesma. Infelizmente, Debra, que se casou bastante tarde, não pôde ter filhos. Depois de muitos anos de tentativas, mas antes que pudessem adotar uma criança, seu marido morreu, deixando-a em má situação financeira.

Mas Debra nunca deixou de sonhar. Se não poderia ter filhos próprios, podia sonhar um sonho novo. Seria ajudante voluntária na Olimpíada Especial. Foi assim que essa mulher sem filhos se tornou mãe de todos. Ela disse que, apesar de não ter conhecido os prazeres especiais de ter seus próprios filhos, tinha uma felicidade interminável vendo tantas crianças se tornando vencedoras, ano após ano. E cada uma das crianças era uma vencedora, sempre que participava de alguma prova, acrescentava ela.

Eu gostaria de poder encerrar a história aqui, mas ela não tem um final feliz assim tão simples. Há algum tempo, Debra vinha sentindo dores estomacais e alguns outros problemas. Quando finalmente resolveu consultar um médico, foi informada de que estava com câncer no estômago. Seu médico lhe disse que teria apenas mais uns três meses de vida.

Como médico, já diagnostiquei câncer em muitos pacientes, mas nunca fui capaz de lhes dizer se tinham seis meses para viver, ou dois meses, ou cinco anos ou qualquer outro número. Conheço todas as estatísticas, mas também sei que o "paciente típico" é uma coisa que simplesmente não existe. Cada pessoa é um indivíduo diferente dos demais. Cada um irá sobreviver durante mais ou menos tempo, dependendo de muitos fatores, incluindo suas crenças e seus desejos.

No caso de Debra, houve uma briga entre a crença e o desejo. Ela era uma mulher que acreditava firmemente na medicina moderna. E realmente acreditou quando seu médico lhe disse que teria três meses de vida. Mas Debra estava trabalhando com uma garota com problemas especiais, um pequeno anjo chamado Lindsey que, pela aparência, poderia ter sido a filha que Debra nunca teve. "Mais do que qualquer outra coisa", disse ela, "eu quero ver Lindsey disputando uma corrida num estádio lotado; quero vê-la cruzando a linha de chegada, quero chorar de orgulho quando pendurarem uma medalha no pescoço dela."

Faltavam ainda seis meses para a realização da Olimpíada Especial. Como Debra acreditava que teria apenas mais três meses de vida, isto foi uma grande decepção para ela. Acreditar que se vai morrer é como despejar uma quantidade adicional de um milhão de germes num ferimento exposto. Felizmente, seu desejo de ver Lindsey cruzando a linha de chegada foi mais forte do que sua terrível crença. Quando eu lhe perguntei como conseguia suportar as dores, ela me disse que o segredo estava em pensar no futuro e imaginar como tudo seria maravilhoso. Ela disse que conseguira desenvolver essa técnica nos seus tempos de garota, quando era constantemente surrada pela madrasta. "Quanto pior era a situação, tanto mais eu fechava os olhos e via como as coisas um dia haveriam de ser boas", explicou ela. "Como as coisas que eu via de olhos abertos eram muito ruins, eu olhava para as coisas boas do futuro com os olhos fechados." Essa impressionante mulher descreveu como ensinou Lindsey a "ver de olhos fechados, porque é nesses momentos que você vê tudo com mais clareza".

"Como assim? Como é que de olhos fechados se vê as coisas com mais clareza?", perguntei.

"Quando você está de olhos fechados, você pode eliminar todas as distrações e apenas ver o futuro tal como você quer que ele seja."

Apesar das grandes dores e da imensa fraqueza que se apossou dela, a partir do momento em que seu médico lhe anunciou que estava condenada e sem esperanças, Debra trabalhava com Lindsey várias vezes por semana. E enquanto Debra se esforçava para continuar viva, a pequena Lindsey aparentemente também estava fazendo a mesma coisa. Eu não sei qual era o problema da garota, mas em seis meses ela foi internada três vezes no hospital. Foram três temporadas estafantes que deixaram a menina exausta, quase sem energia para caminhar. Mesmo assim, a mulher e a garota treinavam para os jogos, uma querendo ganhar uma medalha e a outra querendo vê-la ganhando essa mesma medalha. Debra me disse que, embora o seu primeiro sonho de ter filhos para amar nunca tenha se concretizado, seu novo sonho era igualmente bom.

Eu vi Debra no hospital quando faltavam apenas duas semanas para a Olimpíada Especial. É difícil dizer o que lhe doía mais: o câncer, o tratamento ou a insistência do seu médico em afirmar que ela iria morrer dentro em breve. Felizmente, ela tinha um incrível desejo de viver, pelo menos até os jogos.

Eu soube que Debra chegaria lá quando me contaram que essa paciente calma e muito dócil tinha literalmente gritado com o médico, exigindo que ele deixasse de anunciar sua morte iminente. Ela tinha gritado mais ou menos o seguinte: "Agora chega! Você não vai me tirar o meu sonho! Saia daqui!"

O desejo de ver seu sonho concretizado foi mais forte do que a crença de que não conseguiria chegar até lá. Ela imediatamente começou a melhorar, e não demorou para que pudesse sair do hospital. Estava muito fraca e foi aconselhada a continuar internada, mas ela insistiu em assumir seu lugar como treinadora de Lindsey na Olimpíada Especial. A corajosa menina participou da corrida, e a corajosa treinadora teve a oportunidade de colocar uma medalha em seu pescoço. Todos foram vencedores nesse dia, principalmente a mulher cujo sonho, cujo novo sonho, se tornou realidade.

RECEITA: VER DE OLHOS FECHADOS

Sonhar é representar. E também é ver o futuro que se quer ter. É se ver tal como se gostaria de ser, onde se gostaria de estar. Sonhar é ver de olhos fechados. Todos os dias, sonhe o seu sonho. Faça isso quando as coisas estiverem boas e também quando estiverem ruins; quando se sentir feliz e quando estiver triste; quando estiver rico e quando estiver pobre; quando estiver em vias de obter grandes sucessos e quando estiver em meio a fracassos, sonhe o seu sonho.

Pelo menos uma vez por dia, mas de preferência três ou quatro vezes, veja o seu futuro. Veja-o de olhos fechados. Encontre um lugar tranqüilo, uma poltrona confortável, desligue o telefone, afrouxe a roupa e sonhe os seus sonhos. E quando terminar, mantenha uma imagem na mente, focalize a imagem mental de alguma coisa maravilhosa enquanto diz:

Vejo luz de sol e alegria,
com os olhos fechados.
E o que vejo pode ser real.

Vejo muitos risos e amor,

com os olhos fechados.
E o que vejo será real.

Vejo o futuro na minha frente,
com os olhos fechados.
E o que vejo é real.

Você se lembra de Mary Lou Retton, a pequena ginasta que foi a primeira a conseguir uma medalha de ouro na sua modalidade, para os Estados Unidos, na Olimpíada de 1984? Ela costumava sonhar muito, sonhos de vitória. Ela se via saltando, executando suas rotinas perfeitamente. Em seus sonhos, ela se via ganhando a nota máxima dos juízes. Ela via como seus pais e seu treinador a aplaudiam. Via a medalha que ganhava. E via os grandes contratos promocionais sendo colocados na sua frente para serem assinados. Ela via regularmente o seu próprio futuro.

Trata-se de uma técnica antiga, mas muito boa. Muitos atletas de primeira linha incluem os sonhos como parte integrante dos seus programas de treinamento. Eles fecham os olhos e se vêem executando os gestos e movimentos de forma absolutamente perfeita. Um estudo realizado com uma equipe de basquete mostrou como essa técnica pode ser eficiente. Os rapazes foram divididos em três grupos e informados de que participariam de uma disputa para determinar qual deles conseguiria encestar mais vezes a bola. O primeiro grupo foi instruído para treinar arremessos em direção à cesta. O segundo grupo deveria treinar mentalmente, ou seja, imaginar todos os detalhes dos arremessos. O terceiro grupo não recebeu nenhum tipo de instrução especial. Depois de um determinado período de tempo, todos os três grupos foram testados. O segundo grupo, aquele que se via de olhos fechados, conseguiu o melhor desempenho.

Anos atrás, alguns dos meus colegas insistiram que eu fosse jogar golfe com eles. Minha "técnica" de golfe consiste em, eventualmente, acertar na pequena bola branca e depois gastar muito tempo procurando encontrá-la novamente. Obviamente, meu desempenho deixa muito a desejar no campo de golfe, mas consegui melhorar os resultados de muitos jogadores excelentes ensinando-os a treinar mentalmente.

AGIR COM OS OLHOS BEM ABERTOS

"... o sonho de ontem é a esperança de hoje e a realidade de amanhã."

— Robert H. Goddard

Agora que você é capaz de ver isso, faça-o! Junte seus pensamentos positivos com ação positiva. Fortaleça seus pensamentos positivos com ações positivas. Anote numa folha de papel suas respostas para as seguintes perguntas:

- *O que é importante para você?*
- *O que lhe traz lágrimas aos olhos?*
- *O que deixa seu pulso acelerado?*
- *O que faz você sorrir?*
- *O que faz você se sentir bem consigo mesmo e como poderia fazer outros se sentirem assim também?*
- *Que injustiça lhe dá vontade de ajudar os outros?*
- *O que faz você pensar em frases que comecem com "Ah, se..."*
- *O que você está aguardando para o futuro?*
- *Do que você se lembra com prazer?*
- *O que você gostaria de poder fazer?*
- *Quando criança, o que você gostava de fazer?*
- *O que você queria ser quando crescesse?*
- *O que você gostaria de ter feito por uma pessoa amada que já morreu?*
- *O que você gostaria que todos fizessem pelas pessoas amadas, antes que elas morram?*
- *Como você faria uma criança triste sorrir?*
- *O que você gostaria de poder fazer pelos menos privilegiados?*
- *Quais são os seus planos para fazer deste país, ou deste mundo, um lugar melhor para se viver?*

A grande maioria das pessoas irá encontrar o seu sonho em algum lugar entre essas respostas. Talvez o seu sonho diga respeito apenas a você mesmo, ou talvez ele envolva a participação de outros. Talvez seja um sonho novo. Talvez seja um sonho antigo que nunca se concretizou. Pode ser alguma coisa que você mesmo pode fazer ou algo que exija a participação de outros. Não importa qual seja o caso, não importa qual seja o seu sonho, veja-o de olhos fechados e, depois, tente transformá-lo em realidade. E se você perseguir seu sonho por toda uma existência, e ele nunca se realizar, mesmo assim você será um sucesso, porque o melhor de tudo está em tentar.

O sonho da pequena Raquel se tornou realidade, e o mesmo pode acontecer com o seu. Veja-o de olhos fechados, veja-o de modo tão nítido que ele se torne real.

CAPÍTULO QUATRO

JUNTOS

"Os dois juntos é o melhor de tudo."

— Provérbio inglês

Quando garoto, eu passava muito tempo na companhia do meu avô, um senhor muito severo mas bem-humorado. Ele tinha um interesse todo especial por mim, talvez porque, dentre todos os seus netos, eu era aquele que tinha menos. Nas minhas lembranças mais antigas, ele já tinha mais de sessenta anos, cerca de um metro e oitenta, e um bigode branco no meio do seu rosto redondo. Ele tinha trabalhado duro durante toda a vida e era um homem muito forte. As pessoas apostavam que ele não seria capaz de erguer um saco com cinqüenta quilos de batatas. Ele dobrava a aposta, dizendo que iria carregar *dois* sacos de batatas até a esquina. E sempre ganhava.

No seu país de origem, meu avô tinha sido camponês. Nos Estados Unidos, ele se dedicou a duas atividades: tinha uma pequena propriedade familiar em New Jersey, e era sapateiro em Filadélfia. Mas eu tinha a impressão de que ele passava a maior parte do seu tempo ajudando os pobres e necessitados. Na opinião dele, todos nós tínhamos a obrigação de ser bons, uma obrigação perante nós mesmos e também perante Deus. Naqueles tempos, não existia nenhuma organização oficial de caridade, pelo menos não que eu soubesse. Os pobres simplesmente ficavam cada vez mais pobres e pronto. Meu avô costumava coletar roupas para os pobres, apesar de ter pouca coisa para si mesmo. Eu me lembro de ter ido com ele, no seu velho caminhão, buscar pão nas padarias próximas da esquina da Rua Quatro com a South, no setor sul de Filadélfia. Era uma aventura considerável para um garoto da minha idade poder passear num dos poucos caminhões que circulavam pela cidade naqueles tempos. Eram os tempos em que o leiteiro aparecia todas as manhãs numa carroça puxada por um cavalo; os verdureiros empurravam seus carrinhos pelas ruas gritando: "Batatas!", "Maçãs!"; e o amolador de facas ia de porta em porta com sua pedra de amolar. Eu me recordo de um homem jovem, de uns vinte e tantos anos, que caminhava pela rua carregando nas costas uma dúzia de vassouras e gritando: "Vassouras! Vassouras! Comprem suas vassouras!" As ruas fervilhavam de gente, de transações comerciais, de diversão. Lembro também que o médico costumava ir de casa em casa. Ele era dono de um carro, um dos raríssimos carros particulares, mas sempre andava a pé.

Bem, meu avô e eu íamos lá e pegávamos grandes barris cheios de pães amanhecidos, pães que os padeiros não tinham conseguido vender. Ele colocava os barris no caminhão e depois percorria a vizinhança toda, distribuindo os pães entre os pobres. Todos os padeiros conheciam o meu avô. E os pobres também. Pelas minhas lembranças, os padeiros que estavam dando os pães ficavam tão contentes em ver meu avô quanto os pobres, que os recebiam. Eles tinham grande alegria pela oportunidade de dar.

Meu avô, que pouco tinha, ficava sempre dizendo para mim, que nada tinha, que a coisa mais compensadora do mundo era dar. Naqueles tempos, nas lojas e nas casas, as pessoas guardavam todos os tipos de latas, latas grandes com buracos. Meu avô tinha várias destas latas na sua cozinha. A idéia era colocar dinheiro nas latas e, de vez em quando, alguém recolhia as moedas para comprar carvão para os pobres no inverno, para lhes comprar roupas, para alimentá-los, para enviar os que estivessem muito doentes para o campo, e assim por diante. "A vida tem significado quando nos ajudamos mutuamente", dizia ele. "Cada vez que ajudamos outra pessoa, estamos dando um significado às nossa vidas."

Meu avô acreditava firmemente nisto. Muitas pessoas lhe diziam que era tolice desperdiçar seu tempo com obras de caridade quando poderia estar ganhando mais dinheiro para si mesmo e sua família, mas meu avô achava que tinha uma obrigação, que todos nós tínhamos obrigações. Um homem profundamente religioso, dizia constantemente que o mundo fazia sentido para ele. Ele sabia quem era o seu Criador. Ele sabia qual era o seu dever, e ele sabia que poderia cumpri-lo. Tudo era muitos simples. Ele sempre me dizia que eu deveria fazer o bem pelo simples prazer de fazer o bem, não por querer alguma recompensa nesta ou noutra vida. É agradável ganhar uma recompensa, mas não se deve perder tempo com preocupações desse tipo. Faça o bem pelo simples prazer de fazer o bem e pronto.

"Obrigação", "dar significado às nossas vidas", "ajudar uns aos outros" — estas são idéias antiquadas. Mas para meu avô eram preceitos muito simples que norteavam a sua vida. A dedicação com que se empenhava nas obras de caridade dava significado à sua existência. Ele não era apenas um pobre agricultor e sapateiro; ele também fazia parte de um esquema de vida mais amplo. Quando alguém que ele alimentara fazia algo maravilhoso mais tarde, meu avô acreditava que tinha participado pessoalmente dessa ação. Quando uma criança que ele vestira durante um inverno rigoroso crescia e se casava, meu avô se alegrava como se o casamento fosse dele. Quando as moedas que ele colocava nas latas contribuíam para pagar o médico que fazia algum parto, meu avô se sentia como se estivesse tendo um novo neto.

Para meu avô, um problema impossível era algo que simplesmente não existia. Ele sempre me encorajava a continuar estudando, a terminar a escola secundária. (O que era bastante raro no bairro onde eu morava.) Ele até mesmo ousava afirmar que eu poderia ir para a universidade, para a escola de medicina ou para a faculdade de direito, qualquer coisa que eu quisesse. "Vá em frente", dizia ele. "Não se preocupe com nada, simplesmente vá em frente. Alguém como eu vai garantir que você tenha pão para comer. Você e eu, juntos, nos formaremos em medicina."

Ele tinha razão. Muitas vezes, em ocasiões de desânimo e de esgotamento, quando eu estava quase desistindo, alguém "me deu pão". Quando era um pobre estudante de medicina, com pouco dinheiro para alimentar minha mulher e meus filhos, e menos ainda para pagar a faculdade, eu vendia produtos farmacêuticos aos médicos, organizando a minha própria minúscula empresa, cujo estoque inteiro cabia dentro de uma caixa. Eu devia estar louco, querendo concorrer com as grandes empresas. Certo dia, sem dinheiro, como sempre, fui à prefeitura apresentar uma proposta de venda de remédios a um hospital municipal. Todas as propostas, entregues em envelopes fechados, eram colocadas numa pasta por um homem que ficava atrás do balcão. A proposta mais baixa, seria a escolhida. Todas as grandes empresas distribuidoras já tinham apresentado suas propostas; eu fui o último a fazê-lo. Fiquei conversando durante alguns minutos com o homem, que eu nunca tinha visto antes. Quando chegou a hora de fazer minha proposta, ele abriu a pasta no lugar exato e a posicionou de maneira que me era impossível não ver os números. Em seguida ele foi até a janela, voltou e perguntou se eu estava preparado para apresentar a minha proposta. Eu propus exatamente um centavo a menos do que a menor proposta da lista. Ganhei o contrato.

Por que ele arriscou seu emprego para me ajudar? Eu não ficaria surpreso em saber que as grandes empresas tentaram suborná-lo, mas ele se arriscou para me ajudar — nada recebendo em troca além da minha gratidão não formulada em palavras. Por que ele fez aquilo? Talvez ele achasse que era sua obrigação.

No decorrer dos anos, muitas pessoas me ajudaram. Eu não conheci a maior parte delas e nem sei por que escolheram justamente a mim. Eu só posso supor que, tal como meu avô, elas sentissem que tinham uma obrigação em relação aos outros. Embora meu avô tenha morrido antes que eu terminasse os estudos de medicina, ele e eu, juntamente com todos os que me ajudaram, nos tornamos um médico.

"NICE" *versus* "FUD"

A vida nunca foi fácil para o meu avô, mas tudo fazia sentido para ele. Ele sabia quem ele era e o que se esperava dele. Meu avô se sentia parte integrante da sua comunidade. Através dos seus trabalhos de caridade, ele entrava em contato com todas os setores, com todas as pessoas. Todas as alegrias podiam ser compartilhadas por ele, e também todas as tristezas. E isto dava uma grande oportunidade e um grande significado para a sua vida. Ele nunca perdeu um instante pensando no futuro. Além do fato de acreditar que viveria para sempre, ele sabia no fundo do coração que, quando não pudesse mais cuidar de si mesmo, alguém apareceria para lhe dar pão. Sua vida era sempre nova, interessante e estimulante. Ele tinha um forte sentido de participação.

Vale a pena comparar meu avô com os brilhantes cientistas, na maioria jovens, que colocaram o homem no espaço. No final dos anos sessenta e na década de setenta, quando nosso programa espacial registrava sucesso após sucesso, os engenheiros de Cabo Canaveral e de Cabo Kennedy e suas famílias eram os campeões nacionais em divórcios, bebedeiras, uso abusivo de drogas e mortes repentinas causadas por ataques cardíacos. Quanto melhor a *performance* dos nossos foguetes, tanto pior era o desempenho dos seus criadores. Esses cientistas não sofriam de excessos nos fatores de risco padrão (níveis elevados de colesterol, tabagismo, pressão sangüínea elevada, diabete, obesidade), mas eles estavam sucumbindo num grau alarmante. A situação chegou a um ponto em que o governo se perguntou se os russos não estariam tentando destruir o programa espacial envenenando nossos cientistas de alguma maneira.

Recentemente, passei várias horas conversando com Robert Elliot, M.D., o homem contratado pelo governo dos Estados Unidos para descobrir o que estava acontecendo. Eu estava aguardando pela oportunidade de encontrá-lo numa conferência onde ambos faríamos palestras, um seminário intitulado *Clinically Relevant Risk Factor Management of Cardiac Disease*, em Springfield, no Estado de Missouri. Nós nos encontramos no aeroporto, de modo que tivemos uma boa oportunidade para bater papo. Ele me disse que foi uma questão de NICE se transformar em FUD.

Os engenheiros especializados em foguetes foram submetidos a uma grande dose de pressão — *stress* — para derrotar os russos. Mas era um *stress* NICE (agradável), ou seja, as iniciais da expressão *N*ew, *I*nteresting, *C*hallenging *E*xperience (Experiência Nova, Interessante e Desafiadora). Infelizmente, todas as vezes que os cientistas provavam seu valor e avançavam mais um passo em relação aos russos, lançando mais um foguete, o governo disparava uma rajada contra eles. Cerca de quinze por cento eram demitidos após cada lançamento bem-sucedido. Segundo disse o dr. Elliot, entre 1965 e 1973, a equipe de trabalho em Cabo Canaveral e Cabo Kennedy foi reduzida pela metade. Eles trabalhavam muito, resolviam problemas complexos de física e de engenharia, conquistavam o mundo e depois ficavam desempregados. Num dia, eles eram os melhores, os mais brilhantes, mais respeitados e mais bem-remunerados profissionais do país, mas no dia seguinte estavam se preocupando com as compras no supermercado mais próximo. O ambiente em que viviam passava de NICE para FUD, abreviatura de *F*ear, *U*ncertainty and *D*oubt (Medo, Incerteza e Dúvida).

Os engenheiros especializados em foguetes tinham bons resultados nos exames médicos e nos testes de laboratório, e os tradicionais fatores de riscos cardíacos não eram muito mais elevados do que a média. Os que morreram raramente tinham artérias coronárias bloqueadas, o que foi a primeira suspeita dos médicos. Mas o dr. Elliot encontrou níveis anormalmente altos de ansiedade e depressão, além de sentimentos de falta de esperança e impotência. Todos viviam esperando os próximos cortes. Eles sabiam que, quando fossem cortados, perderiam o emprego, o salário, o *status* e, até certo ponto, a própria identidade.

Depois de ter estudado os relatórios de autópsia de engenheiros que sofreram morte repentina, o dr. Elliot concluiu que os sentimentos negativos provocavam níveis elevados de adrenalina e de outras substâncias típicas do *stress*, capazes de destruir uma parte das fibras musculares que formam o coração. Eles morriam de FUD: Medo, Incerteza e Dúvida.

A ciência do FUD

Será que o medo, a incerteza e a dúvida realmente podem causar uma morte repentina? Todos já ouvimos histórias, mas existem evidências concretas associando o FUD, esse tipo especial de *stress*, a uma morte cardíaca repentina?

Evidências existem em grande quantidade. Quando sentimos medo, incerteza e somos tomados por grandes dúvidas, nosso sistema nervoso reage inundando o corpo com adrenalina, cortisona e outros "hormônios do *stress*". Isto é ótimo numa situação de emergência, mas pode causar resultados letais a longo prazo. Quando se injetam grandes quantidades de adrenalina em cães adormecidos, eles morrem. O FUD dos engenheiros deflagrou a liberação de enormes quantidades de adrenalina em seus corpos. Comparando-se fotografias feitas com microscópio do coração dos cães com o coração dos engenheiros mortos, constatam-se as mesmas lesões (anormalidades). De fato, cinco minutos após se injetar uma variedade de "substâncias de *stress*" em animais anestesiados, pode-se ver o início do mesmo tipo de dano cardíaco que causou a morte dos engenheiros. Encontram-se danos semelhantes no coração de pessoas que sofreram assaltos violentos, e em pilotos de teste que perderam o controle do avião. São situações de medo, incerteza e dúvida.

Quando se provoca o FUD em coelhos, transferindo-os constantemente de gaiolas confortáveis para outras excessivamente lotadas, nunca permitindo que eles se adaptem aos novos ambientes, eles morrem em seis meses no máximo. É uma situação de medo, incerteza e dúvida.

Quando se permite que um musaranho agressivo (animal insetívoro) ataque outro musaranho submisso, separando-os em seguida, mas deixando-os a uma distância em que possam se ver, o animal submisso fica com medo e completamente quieto durante quase o tempo todo, morrendo num prazo que pode variar de dois dias a duas semanas. É uma situação de medo, incerteza e dúvida.

O FUD pode fazer com que os nossos batimentos fiquem irregulares. Um excelente estudo realizado por Rozanski,[1] e publicado no prestigioso *New England Journal of Medicine,* ilustrou o relacionamento existente entre o *stress* mental e o coração.

Rozanski constatou isquemia miocardíaca (falta de oxigênio para o músculo do coração, uma condição mortal) em pacientes com doenças da artéria coronária, que foram convidados a realizar tarefas potencialmente estressantes (tais como falar em público, resolver complexos problemas aritméticos, lembrar situações de forte carga emocional). Trata-se de uma isquemia do tipo "silencioso", ou seja, mudanças cardíacas perniciosas que os pacientes não sentem, mas os médicos conseguem monitorar.

O *stress* emocional/mental também provocou em alguns pacientes uma queda na quantidade de sangue bombeado para fora do coração a cada contração (isto é conhecido como fração de ejeção). Igualmente

1. Rozanski, A. *et al.*: *Mental stress and the induction of silent myocardial ischemia in patients with coronary artery disease.* New Eng. J. Med., 318(16): 1005-1012, 1988.

assustador é o fato de os médicos terem constatado movimentos anormais nas paredes cardíacas (contrações) de alguns dos pacientes. Esses efeitos perigosos e possivelmente letais atingem pacientes cardíacos submetidos ao *stress* mental/emocional.

O FUD não precisa nos matar de forma repentina; pode levar tempo, aumentando lentamente o perigo de sofrermos um ataque cardíaco. Substâncias liberadas pelo FUD em nosso corpo podem aumentar o nível de colesterol. Examinando os níveis de colesterol de pilotos, constata-se que o FUD prepara um ataque cardíaco entupindo as artérias. Os pilotos navais se dividem em três categorias: os pilotos de transporte tendem a registrar os menores índices de colesterol; os pilotos de aviões de combate, estacionados em bases terrestres, cuja tarefa é mais perigosa, têm índices mais elevados, e os pilotos baseados em porta-aviões, cujas funções são as mais arriscadas, são portadores dos níveis recordistas. Sabe-se que os especialistas contábeis sofrem aumento de colesterol no período da arrecadação de impostos. O FUD também pode aumentar a produção de determinadas "substâncias do *stress*", além de tornar as plaquetas sangüíneas mais "pegajosas", aumentando assim a possibilidade de formação de coágulos. É uma situação de medo, incerteza e dúvida.

E o que dizer sobre o FUD e a pressão sangüínea elevada? Embora freqüentemente seja difícil identificar um único fator, uma vez que há muitos elementos associados à pressão sangüínea, estudos demonstraram uma forte relação entre a hipertensão e o medo, a incerteza e a dúvida. Um estudo realizado em 1962[2] constatou que zulus transferidos para ambientes urbanos tinham pressão sangüínea mais alta do que seus primos, que continuavam vivendo nos ambientes tribais tradicionais. Dois estudos divulgados nos anos setenta[3,4] constataram que pessoas

---

2. Gampel, B. *et al.*: *Urbanization and hypertension among zulu adults*. J. Chronic Dis 1962; 15-67.

3. Harburg, E. *et al. A family set method for estimating heredity and stress.* Uma pesquisa-piloto da pressão sangüínea entre negros em áreas de muito e de pouco *stress*. Detroit, 1966-67. J. Chronic Dis 1979; 23-69.

4. Berkman LF, Syme SL. *Social networks, host resistance, and mortality: a nine-year follow-up study of Alameda County residents*. Am J. Epidemiol 1979; 1109: 186-204.

que vivem no que eu chamo de áreas de "FUD elevado", com índices de criminalidade e mais chamados à polícia e aos bombeiros do que em outras regiões, têm índices consideravelmente mais elevados de hipertensão. O "FUD por antecipação", ou seja, o medo, incerteza e dúvida que sentimos quando aguardamos uma situação de desafio podem causar um aumento na pressão sangüínea. O dr. Elliot[5] mediu a pressão sangüínea dos jogadores de futebol da Universidade de Nebraska, constatando que ela era mais elevada antes da partida do que durante o intervalo.

As "substâncias de *stress*" induzidas pelo FUD podem até levar nosso corpo a secretar menos insulina, aumentando assim o perigo de diabete, que também pode prejudicar nossas artérias, entre outras coisas. Se o FUD é perigoso, o inverso também é verdadeiro. Quando se tenta matar coelhos fornecendo-lhes dietas com elevados níveis de colesterol, *mas acariciando-os regularmente e conversando com eles*, suas artérias não entopem tão rápido quanto a de outros coelhos alimentados com a mesma dieta, mas sem o mesmo tratamento carinhoso.

Há algumas décadas, os epidemiologistas ficaram espantados ao descobrir uma pequena cidade no Estado de Pensylvania, chamada Rosetta, onde tanto a incidência de doenças das artérias coronárias quanto o índice de mortalidade eram muito baixos. Situada a alguns quilômetros de distância, a cidade de Bangor apresentava os usuais níveis elevados de mortes e incapacidade causados pelas doenças das artérias coronárias. Como explicar os motivos pelos quais os moradores de uma cidade eram muito mais saudáveis do que os da outra?

Rosetta tinha sido fundada no final do século passado por cortadores de pedras e seus familiares vindos do sul da Itália. Eles adotavam uma dieta com elevado teor de gordura, o que deveria transformar todos eles em candidatos a ataques cardíacos. Mas eles tinham o hábito de fazer a *siesta* após um almoço demorado, e também cultivavam laços familiares e bons relacionamentos amorosos. Não eram pessoas com grandes riquezas financeiras, mas cuidavam de levar vidas significati-

---

5. Eliot, R. *The dynamics of hypertension — an overview: present practices, new possibilities, and new approaches.* Am Heart, J 1988: 116-583.

vas. Eles sabiam quem eram e como se enquadravam na sua comunidade. Sabiam que faziam parte de um grande grupo para o qual eram importantes. Como os coelhos, eles se sentiam "acariciados".

Nos anos setenta, no entanto, o estilo de vida deles já estava se modificando. As crianças saíam da cidade para estudar e os fortes laços familiares estavam enfraquecendo. A cidade inteira estava se modificando; os automóveis davam mobilidade às pessoas, os televisores acabaram com o relativo isolamento do vilarejo. A alimentação continuou a mesma, mas os moradores de Rosetta passaram a registrar então quantidades muito maiores de doenças das artérias coronárias.

Vivendo uma vida repleta de FUD

Algumas pessoas podem nem perceber que estão vivendo uma vida repleta de FUD. Pelo que sabem, e também pelo que qualquer outra pessoa poderia dizer, são pessoas calmas com um estilo de vida NICE. No seu interior, porém, elas podem ser verdadeiros desastres esperando pela oportunidade de acontecer.

Anos atrás, eu costumava "ligar" meus pacientes a um equipamento de *biofeedback* que existia no meu consultório, máquinas que os ajudavam a relaxar monitorando seus avanços e fornecendo-lhes um retorno. O dr. Elliot levou esta idéia mais adiante. Ele é pioneiro no uso de equipamento do tipo *biofeedback* para identificar o que ele chama de "Reatores Quentes", pessoas que reagem a um pequeno problema qualquer com uma dose elevada de *stress* interior.

A técnica é simples: os pacientes são acoplados a uma pequena máquina que mede a sua performance cardiovascular enquanto desempenham várias tarefas, tais como contar de sete em sete de setecentos a zero; ou jogar um videogame. Contar de setecentos para zero, pulando sete números de cada vez, pode ser bastante difícil. E o videogame foi especialmente preparado — é impossível vencer.

O dr. Elliot calcula que aproximadamente vinte por cento das pessoas sejam "Reatores Quentes". Mesmo apresentando uma aparência externa calma e tranqüila, mesmo dando a impressão de não nos importarmos em ganhar o tal videogame, nosso corpo está reagindo como se a nossa vida dependesse daquilo. Os alarmes internos soam com tanta estridência e insistência, que produzimos doses perigosamente elevadas de substâncias químicas do *stress*. Somos como carros esportivos em alta velocidade percorrendo uma estrada de curvas e obstáculos: mais cedo ou mais tarde, ficaremos sem combustível ou nos chocaremos contra alguma coisa.

Os "Reatores Quentes" não são necessariamente personalidades do Tipo A, com as quais já estamos familiarizados, pessoas do tipo agressivo e hostil, que precisam avançar sempre, custe o que custar. Os "Reatores Quentes" podem aparentar ser pessoas descontraídas e tranqüilas, e podem até *ser* pessoas descontraídas e tranqüilas. O que interessa é que o comportamento nem sempre reflete o que realmente acontece dentro do corpo. E, ao passo que as pessoas "estouradas" podem tornar a vida de todos mais difícil, os "Reatores Quentes" podem estar encurtando suas próprias vidas.

Os "Reatores Quentes" podem não sentir o FUD, mas seus corpos estão reagindo de modo exagerado, como se estivessem numa situação de medo, incerteza e dúvida.

Ratos, FUD e Alice Cooper

Barry e eu costumamos mostrar um *slide* em nossos seminários. A metade esquerda do *slide* mostra a imagem do músculo cardíaco normal de um rato. Sua aparência é muito saudável. A metade direita do *slide* mostra a imagem de um músculo cardíaco de um rato morto. Sua aparência é terrível; os padrões claros e nítidos de um coração saudável estão totalmente distorcidos.

Parece que um grupo de ratos, todos com coração muito saudável, foram colocados em gaiolas e forçados a ouvir a gravação de um gato caçando ratos. A cada quinze minutos, os ratos eram obrigados a ouvir esses sons assustadores. Para eles, o gato poderia estar em qualquer lugar, por perto. E suas vidas estavam correndo perigo iminente. Não demorou muito e os ratos começaram a morrer de FUD. Não havia gatos por perto, os ratos nunca correram perigo real, mas mesmo assim morreram. Nas autópsias, os pesquisadores constataram uma necrose do músculo cardíaco.

Certa noite, há uns catorze anos, cheguei em casa tarde, como freqüentemente acontecia. Minha filha Bárbara, na época com doze anos, disse: "Papai, eu quero ver Alice Cooper."

Era tarde e eu estava cansado; mas eu também me sentia culpado por não estar dedicando todo o tempo que deveria a ela. Por isso respondi: "Tudo bem, entre no carro e me diga onde ela mora. Eu vou levar você até lá."

Se eu fosse um marciano, a expressão no rosto da minha filha não teria sido diferente. "Você é tão quadrado, papai! Alice Cooper não é uma mulher, é um homem, ele é um astro do rock!"

Resumindo a história, na noite seguinte eu estava no Fórum com Bárbara e mais dez ou doze mil jovens garotas excitadas. O lugar estava superlotado; todas as garotas pulavam em suas cadeiras e dançavam pelo corredores durante a apresentação de Alice Cooper. Eu não fazia a menor idéia de quem era Alice Cooper, e também não estava particularmente interessado pela sua música, de modo que fui para lá preparado. Eu tinha levado comigo fones de ouvido, uma pequena lanterna de pilha e um livro de medicina.

Mais ou menos no meio da apresentação, Bárbara se aproximou de mim, arrancou o fone do meu ouvido direito e gritou: "Papai! Você está me deixando sem graça!"

Os seus filhos já lhe disseram isto alguma vez? Eu perguntei a ela por que eu a estava incomodando. "Ora, você é o único que está lendo um livro!"

Olhei para a direita, depois para a esquerda, para a frente, para trás e para os andares superiores. Ela tinha razão. Eu era o único que estava lendo.

E ela repetiu: "Você está me fazendo passar vergonha porque é o único que está lendo um livro. Amanhã, na escola, todos vão ficar comentando isto!"

"Tudo bem; o que você quer que eu faça?", perguntei. Ela fez questão que eu ficasse de pé no assento da minha cadeira acompanhando o resto do *show*. Então eu fiquei de pé durante o resto do espetáculo, assistindo aquele homem no palco cortando cabeças de galinhas de borracha e fazendo outras "performances" do gênero. Eu esqueci de recolocar o fone no ouvido e acordei com uma imensa dor de ouvido na manhã seguinte. Além disso, tinha dor de cabeça, dores nas costas, na nuca e um enorme mal-estar generalizado. E perguntei a mim mesmo: será que Alice Cooper está fazendo comigo o mesmo que a gravação do gato fez com os ratos?

QUATRO PASSOS PARA DERROTAR O FUD

Felizmente, somos bem mais complexos do que os ratos. Temos uma capacidade maior para interpretar e moldar nossa vida. Para meu avô, a vida era NICE, ela era sempre uma Experiência Nova, Interessante e Desafiadora. Para alguns dos engenheiros, a vida NICE de colocar norte-americanos na Lua se transformou em FUD, porque tinham medo de perder seus empregos. Às vezes é difícil escapar do FUD. Por exemplo, enquanto Barry e eu estamos escrevendo este texto, estamos também ouvindo noticiários que transmitem as poucas informações liberadas a respeito da entrada das tropas da coalizão no Kuwait, lideradas pelos norte-americanos. Um afilhado meu, o cabo Carlos Cueva, está lá com seu regimento de fuzileiros navais. Na sua última carta, escrita a bordo do navio de transporte, Carlos escreveu que ele e os demais fuzileiros acreditavam que seriam desembarcados numa praia. Se tenho medo, se estou repleto de incertezas e dúvidas? É claro que sim. E para ser honesto, não há muito o que fazer para mudar esses sentimentos. Não agora. Ainda não.

Felizmente, a maioria das situações da vida não são tão assustadoras quanto a possibilidade de se perder um ente querido. Mesmo assim, independentemente de sermos ou não reatores quentes, muitas vezes caímos no FUD. Como podemos agir para permanecer no NICE?

Nº 1 — Desenvolva uma percepção positiva

Acredito que o primeiro passo para isso esteja na nossa percepção. O *stress* que nos impele para o FUD não precisa necessariamente chegar lá. O que chamamos de "*stress*" normalmente é neutro, não sendo bom ou ruim. Os advogados, por exemplo, muitas vezes são obrigados a trabalhar muito. Tenho vários advogados como pacientes, e conheço muitos socialmente. (Dois dos meus filhos, Howard e Steven, são advogados.) Alguns deles encaram essa tremenda carga de trabalho como sendo um desafio, uma oportunidade para fazer algo bom, para comprovar seu próprio valor e progredir. Outros, porém, encaram esta mesma carga como sendo um fardo incrivelmente pesado. O mesmo *stress* (grandes quantidades de trabalho) pode ser NICE ou FUD, dependendo de como se encara a situação. É uma questão de percepção.

Eu vejo isto constantemente em pacientes que se queixam de problemas estomacais associados ao *stress*, ou de dores de cabeça, dores na coluna e na nuca e outros sintomas. Imagine dois funcionários de um mesmo escritório, ambos fazendo mais ou menos o mesmo trabalho. Um deles acha que as tarefas estão abaixo dos seus talentos, fica ressentido por receber ordens de uma chefe mulher e acredita que poderia estar rico se seus pais lhe tivessem financiado um curso de direito. A outra funcionária, filha de imigrantes, está satisfeita por ter um emprego que lhe permita freqüentar a escola noturna, onde está prestes a se formar. Os dois fazem o mesmo trabalho, recebem o mesmo salário e são subordinados à mesma chefe. Para o primeiro, o trabalho é pavoroso. Para a outra, é uma excelente oportunidade de avançar. É uma questão de percepção.

Eu tive um paciente, Fred, de cinqüenta e três anos de idade, cujo trabalho como mestre-de-obras era bastante NICE. Mas depois, os proprietários lhe disseram que queriam reduzir os custos usando materiais mais baratos e, de um modo geral, fazendo trabalhos de qualidade inferior. Eles lhe mandaram reduzir os custos em vinte por cento, ou mais. Isso foi um golpe terrível para Fred, que se orgulhava muito do seu trabalho. O FUD o atingiu em cheio, fazendo com que ele me procurasse com uma longa lista de queixas. Ele preferiu deixar o emprego a reduzir seu padrão de qualidade, mas seu substituto não teve problemas em realizar um trabalho inferior. A questão não é se Fred era melhor do que o seu substituto, e sim constatar que o que era FUD para ele podia ser NICE para outra pessoa. É uma questão de percepção. É por isso que acredito que mudar nossa percepção é o primeiro passo para transformar o FUD em NICE.

A percepção positiva nos permite controlar o nosso mundo modificando a interpretação de tudo o que acontece. Do menor evento ao acontecimento mais monumental, o mundo é, em larga escala, uma imagem pintada pela nossa percepção. Acredito que seja a percepção positiva que permite que muitos dos nossos sonhos se tornem realidade. E também acredito que o sonho, e a capacidade de sonhar sonhos novos, seja uma parte vital da percepção positiva.

Muitos de nós suportam sofrimentos terríveis: a percepção positiva ajuda a passar pelos dias difíceis. Muitos acreditam que são fracassos: a percepção positiva ajuda a nos centrarmos em nossos sucessos. E assim, a percepção positiva pode nos fortalecer para as tarefas que enfrentaremos no futuro.

E como desenvolver uma percepção positiva? Sonhando com as coisas grandes que podemos fazer, principalmente com as que podemos fazer pelos outros. Mantendo os olhos firmemente fixados em nossos sucessos, tanto nos do passado quanto naqueles que sabemos que teremos no futuro. Acreditando em nós mesmos, apesar de todas as circunstâncias, apesar de tudo o que os outros possam dizer. Assumindo o controle sobre nossas vidas, nem que seja apenas mentalmente.

Como modificar a nossa percepção? Este é o tema deste livro, e de muitas reflexões e esforços. Um dos esforços que podemos fazer é nos tornarmos parte de algo grande, de algo maravilhoso.

Nº 2 — Sonhe o sonho impossível

A vida sempre era NICE para o meu avô. As coisas que não davam certo não tinham importância, e sempre havia alguma coisa que não dava certo. Ele nunca teve muito dinheiro. E foi forçado a suportar as mesmas indignidades e humilhações que ocorrem na vida de todas as pessoas. No entanto, sua vida sempre era NICE, porque ele sentia que estava liderando uma cruzada para alimentar e vestir os pobres e levantar o dinheiro necessário para resolver seus problemas de saúde e educação. Como é que ele poderia sentir incerteza sabendo que a comida que distribuía ajudava pessoas pobres a sobreviver? Onde sobraria espaço para dúvida se ele sabia que o dinheiro que havia levantado tinha servido para pagar uma operação que salvou a vida de uma criança? E como poderia se sentir só e isolado se todos os membros da comunidade o conheciam e respeitavam?

No entanto, coisas infelizes aconteceram com ele. Mas todo o NICE .que ele construíra em sua vida — e em sua mente — funcionava feito um escudo. Sua percepção estava tão fortemente centrada nas coisas boas da vida, que o FUD, na maior parte das vezes, apenas passava por ele e desaparecia.

Uma das melhores maneiras de modificar nossa percepção é participando de uma cruzada, uma cruzada santa com a finalidade de consertar coisas erradas. Devemos fazer cruzadas, não por nós mesmos, mas pelos outros. Volte para aquela lista que você fez no final do Capítulo Três. Escolha um daqueles sonhos e faça com que ele se torne realidade para alguma outra pessoa. Há alguns anos, visitei a igreja do Reverendo Dan Morgan, em Los Angeles. Ainda me recordo daquele animado pregador parado no alto do púlpito bradando: "Eu não quero um grande poder para usar; quero que um grande poder me use!"

Deixe que o usem. Use os seus talentos para ajudar os outros. Assim, estaremos preenchendo nossas vidas com NICE como proteção contra o FUD inevitável que ocasionalmente cruza nossos caminhos. Recentemente, li a notícia do falecimento de Danny Thomas, o humorista que participou da série de televisão *Make Room For Daddy*. Ele ganhou muito dinheiro, mas no início de sua carreira, durante a Grande Depressão, as coisas não eram fáceis. Quando tinha a impressão de que as coisas não poderiam ficar piores, ele costumava rezar para S. Judas, o santo das causas sem esperança. Ele pedia que S. Judas o ajudasse a encontrar uma forma de construir um santuário. Esse santuário, a sua cruzada, acabou se tornando o St. Jude's Children's Hospital de Memphis, no Estado de Tennessee. Esse santuário, a sua cruzada, salvou muitas vidas jovens. Grandes cruzadas como esta podem tornar a vida muito NICE.

Dar é uma excelente maneira de sentir-se parte integrante, como meu avô. Dê incondicionalmente, sem pedir nada em troca. Mas não se preocupe, você receberá muito. Deixe que o usem. Seja como o meu avô, como o Reverendo Morgan, como Danny Thomas, como Albert Schweitzer, como Madre Teresa de Calcutá. Vamos alimentar pessoas, vamos vesti-las, educá-las, ajudá-las a sorrir; vamos mudar as leis que precisam ser mudadas, aceitar desafios impossíveis, corrigir coisas incorrigíveis. Vamos fazer tanto pelos outros, que não existirá nenhuma possibilidade de nossas vidas serem outra coisa que não NICE.

Nº 3 — Perdoe-os

Durante a Segunda Guerra Mundial, o general da reserva Benjamin O. Davis Jr. comandou o Grupo de Aviões de Combate 332, o primeiro grupo de pilotos negros nas forças armadas norte-americanas, na época ainda segregadas. Quase todos os pilotos do 332 foram condecorados, provando que os pilotos negros eram tão bons quanto seus colegas brancos. Até o final da guerra, o 332 derrubou cerca de trezentos aviões inimigos e participou de mais de três mil missões por toda a Europa. Em 1932, o General Davis tinha se tornado o único cadete negro em West Point. Sua presença numa academia militar totalmente branca nos anos trinta deixou muita gente insatisfeita. De fato, os outros cadetes o receberam em silêncio e se recusaram a falar com ele durante o primeiro ano inteiro. Em vez de reagir com raiva à sua cruel intolerância, como muitos teriam feito, ele preferiu sentir pena deles. Em vez de ficar em FUD durante quatro longos anos, manteve sua vida NICE, selecionando sua percepção.

Vamos aproveitar a lição de vida desse general de combate. Sempre que alguém nos fizer algum mal, vamos perdoar. Vamos imaginar que essas pessoas são crianças irresponsáveis e que não sabem o que fazem. Vamos ter pena delas porque suas percepções são tão limitadas. Vamos ignorá-las. Vamos eliminar nossas mágoas imediatamente, antes que se transformem em FUD.

Nº 4 — Não se abale

Finalmente, quando coisas semelhantes ao FUD realmente acontecerem, e elas eventualmente acontecem, não se abale. Existem três regras principais que devemos adotar se quisermos levar uma vida longa e sem FUD. Eu não sei quem inventou essas regras, mas não resta a menor dúvida de que são muito inteligentes.

1. Não se abale com as coisas pequenas da vida.
2. Todas as coisas são pequenas.
3. Se não puder fugir, flua.

Desenvolva a percepção positiva, sonhe o sonho impossível, perdoe os outros e não se desespere: quatro passos para derrotar o FUD.

RECEITA: JUNTOS

É fácil ser atacado pelo FUD. Três dias depois do início da fase terrestre da nossa Guerra com o Iraque, eu ainda não conseguia deixar de me preocupar com meu jovem afilhado que se encontrava lá. Eu me considero um homem bastante positivo, mas não sou inteiramente capaz de fechar a porta para os meus medos. Quando minha filha morreu, fui assaltado por dúvidas. Como é que eu, o grande médico que salvara tantas vidas, pude deixar minha própria filha morrer? O que havia de errado em mim?

De vez em quando, são as ligações com as outras pessoas que me trazem de volta, que suavemente conseguem voltar meus olhos para as partes NICE da vida. Acredito que fazer parte de uma comunidade seja um poderoso remédio. Não importa se essa comunidade é uma família, um bairro, uma igreja ou sinagoga, ou qualquer outro grupo que compartilha coisas ou tenha os mesmos interesses. Sentir que se faz parte dela exerce um efeito medicinal. Eu sinto que faço parte da minha família mais próxima e também da família mais ampla que continua vivendo em Filadélfia. Sinto que continuo fazendo parte do meu velho bairro, que ainda faço parte da população, daqueles que estão vivos e daqueles que já morreram. (Eu não sinto que faça parte do bairro onde moro atualmente, mas isto é, antes de tudo, uma falha minha.) Sinto que faço parte da comunidade médica, de um círculo de amigos, de um grupo religioso. Sinto que faço parte da nossa grande democracia.

Para lembrar constantemente que faço parte de muitas comunidades, com freqüência rasgo uma folha de papel em vários pedaços, que espalho pela mesa. Depois fico olhando para os papéis, um aqui, outro ali, outro mais adiante. Eles estão isolados, desconectados. Em seguida, modifico a posição dos papéis, reunindo-os outra vez. Cada pedaço continua separado, um indivíduo, mas está em contato com os demais, atraem-se, contribuindo num esforço para formar a folha completa — uma comunidade. Sem perder sua identidade, cada pedaço de papel se torna parte integrante do todo. Cada pedaço fortalece os demais e também é fortalecido pelos demais. E enquanto olho para eles, digo para mim mesmo:

Felizes são os que vivem em paz
Pacíficos os que vivem em amor
Amorosos os que perdoam
E os que perdoam são aqueles que compreendem
Os que compreendem vivem em sabedoria
E sábios são os que vivem em felicidade

Nem todos os que têm FUD estão isolados de suas comunidades, da mesma forma que nem todos os membros de uma comunidade levam uma vida sempre NICE. Mesmo assim, acredito que o simples fato de pertencer a um grupo, de fazer parte de algo, e de se entregar de todo o coração a uma comunidade, seja um poderoso remédio.

Os pensamentos positivos são fortalecidos por ações positivas, e as ações positivas estimulam pensamentos positivos. O ato de juntar os pedaços de papel nos lembra que, por mais fortes que possamos ser, por mais individuais, assumimos uma nova forma e um novo poder quando estamos com os outros. Principalmente quando fazemos algo por eles.

"Juntos" é uma palavra maravilhosa. Vamos colocar a palavra em ação ajudando os outros. Meu filho Steven, advogado, passa todas as tardes de sexta-feira prestando assessoria jurídica gratuita num centro de pessoas idosas. Ele está usando seus conhecimentos especializados para ajudar os outros. Minha gerente de banco dá aulas de pintura com os dedos para crianças emocionalmente perturbadas, além de levá-las a espetáculos e eventos esportivos. Ela doa o seu tempo e o seu amor. Mas não importa se você está doando seu conhecimento ou seu amor. Você está trabalhando junto com alguém.

Juntos, meu avô e eu fizemos o curso de medicina. Juntos, você e alguma criança interessada podem se transformar num médico, num advogado, num professor. Juntos, você e um jovem desafortunado poderão sorrir pela primeira vez. Juntos, você e um desabrigado podem construir uma vida nova. Juntos, você e um fugitivo assustado podem encontrar a paz. Juntos, você e um velho abandonado podem reaprender a amar a vida. *Juntos* — é uma palavra medicinal, uma palavra mágica.

CAPÍTULO CINCO

A META É A FELICIDADE

"Todos os dias do aflito são maus, mas coração alegre é um perpétuo jardim."

— Provérbios 15:15

Era um lindo dia ensolarado em Roxbury Park, em Beverly Hills. Eu tinha ido ver meu filho Steven e a equipe de futebol que ele treina. Observar a partida no campo era divertido — garotos correndo de um lado para o outro, tentando acertar a bola entre as traves adversárias. No entanto, o jogo fora do campo era muito, muito mais interessante.

"Falta! Foi falta!", gritava Smith, um dos pais dos pequenos jogadores, querendo alertar o juiz.

"Como é que você deixa esse cara passar?", berrou Jones ao seu filho. "Da próxima vez, vá mais para o lado! Mais para o lado!"

"Desculpe-me, senhor Jones", disse meu filho. "Eu é que sou o técnico e dou as ordens."

"Cale a boca!", irritou-se Smith.

"Você diz que é técnico", escarneceu Jones. "Veja só! Veja! Os adversários acabaram de marcar outro gol, e é *tudo culpa sua!*"

"Por que a culpa é do técnico?", perguntei. Eles não sabiam que Steven era meu filho.

"Porque esse técnico idiota deixa os piores jogadores entrar em campo", retrucou Jones. "E quando se coloca os piores jogadores em campo, a derrota é certa. O motivo é simplesmente este!"

Nesta altura, todos os pais presentes estavam envolvidos na disputa. Steven tentava explicar sua filosofia de treinamento: "Eu quero que todos os garotos se divirtam e aprendam a jogar futebol. Até mesmo os meninos menos talentosos devem ter uma chance. E impossível aprender a jogar e é impossível se divertir, se você ficar sentado no banco. Além do mais, se estamos nos divertindo, quem se importa em ganhar ou perder?"

"Quem se importa em ganhar ou perder? Quem se importa?", repetiam os pais indignados. O berreiro estava se transformando num terrível grito de guerra, enquanto pais e mães, furiosos, avançavam contra Steven.

"Você está arruinando a vida do meu filho não lhe ensinando a vencer, vencer, VENCER!", exclamou Jones.

"Os piores jogadores simplesmente não deveriam sair do banco", disse Smith.

"Mas justamente o seu filho é o pior da equipe inteira", protestou Steven.

"Eu sei disso. E tenho certeza de que ele prefere ficar no banco de um time vencedor do que jogar num time perdedor", afirmou Smith.

"Vencer! Vencer! Vencer!", era o brado dos pais enfurecidos. Forcei meu caminho em meio a multidão para me colocar ao lado do meu filho, mas sem revelar quem eu era.

"Por que se preocupar com a vitória?", perguntou Steven se defendendo.

"Por que se preocupar com a vitória?", repetiram os pais indignados e incrédulos. "Por que se preocupar com a vitória?"

"Exatamente. A finalidade de todos é a diversão."

"Diversão?", gritaram os pais, incapazes de acreditar no que estavam ouvindo. "Diversão? Diversão?"

Eu achei que estava na hora de falar em defesa de Steven. No entanto, antes que eu pudesse dizer uma palavra sequer, um senhor idoso, muito bem vestido com um terno cinza listrado, de guarda-chuva e chapéu, me afastou do lugar.

"Desculpe-me dr. Fox", disse ele. "Eu sei o que o senhor vai dizer. Por favor, pense melhor."

"Mas Steven está certo. A diversão é muito mais importante que a vitória."

"Concordo", disse o cavalheiro idoso, com um brilho especial nos olhos. "Concordo. Mas considere o seguinte. Nossa economia, nossa sociedade, todo o nosso estilo de vida depende do que acontece em campos esportivos como este, espalhados por todo o país. Veja aquele garoto ali. Ele é um dos piores da equipe. Em qualquer outra equipe ele não sairia do banco de reservas. Mas Steven deixa que ele jogue. O garoto adora jogar. Ele sempre se diverte muito, e não se importa em saber quem ganha ou quem perde. Ele é um garoto feliz e descontraído, da mesma forma como seus pais são adultos felizes e descontraídos."

"E o que isto tem a ver com toda esta situação?", perguntei impaciente, querendo voltar para a defesa de Steven.

"Tenha paciência, dr. Fox", disse o homem idoso, com uma certa dose de malícia presente em cada palavra. "Veja o filho de Jones. Ele certamente é o melhor jogador da equipe inteira. No entanto, tem a infeliz tendência de gritar com os adversários, de insultar o juiz e de humilhar seus colegas de time. Ele passa rasteira nos adversários e comete faltas quando o juiz não está olhando. Ele dá murros no próprio corpo quando comete algum erro. E xinga os companheiros quando eles fazem alguma coisa errada. Resumindo, ele é um garoto miserável e desajustado, exatamente como seus pais são adultos miseráveis e desajustados."

"Isto é pavoroso", protestei. "Veja os pais dele. São pessoas agressivas e infelizes, que já se divorciaram algumas vezes, têm pressão sangüínea extremamente elevada, consomem grande quantidades de pílulas e vivem se entupindo de comida numa tentativa de esquecer a miséria interior. Ambos têm úlceras atualmente, e provavelmente sofrerão ataques cardíacos antes de completar cinqüenta anos!"

"Exatamente! Exatamente!", concordou o senhor idoso, quase aos berros, pulando de um pé para o outro. "Sem dúvida alguma, é o que acabará acontecendo. Sem dúvida alguma!"

"Por que o senhor está tão satisfeito com isto?", perguntei, certo de que o homem era maluco.

"Eu fico feliz em saber que este garotinho miserável vai crescer para se tornar exatamente como seus miseráveis pais."

"Mas isso é terrível!"

"Não", exultou ele, continuando a pular de um lado para o outro. "É justamente isto que torna o nosso país tão grande!"

A esta altura, eu tive a certeza de que estava lidando com um doido varrido. Ele parou um instante para recuperar o fôlego, e depois continuou: "Aquele garoto feliz vai crescer e se transformar num homem bem ajustado, exatamente como seus pais. Resumindo, ele vai se tornar um parasita, uma ameaça não produtiva ao estilo de vida norte-americano."

"O garoto infeliz, por outro lado", continuou ele, "vai acabar se tornando um adulto tão infeliz quanto seus próprios pais. Ele certamente irá necessitar dos préstimos de psicólogos e psiquiatras, de advogados para tratar de divórcios e processos judiciais, de médicos para problemas cardíacos e de pressão sangüínea, de apresentadores de programas de rádio aos quais possa telefonar, e de especialistas em contabilidade para contarem todo o dinheiro que irá ganhar."

"Mas esta é uma visão muito deprimente", disse eu.

"Não! É uma visão maravilhosa!", gargalhou o homem idoso, não disfarçando sua alegria. "O senhor conhece os médicos, os advogados e os psicólogos aqui em Beverly Hills, e também logo ao lado, em Century City. O senhor sabe como é cara a manutenção deles. O aluguel dessas lindas salas é muito alto, e os belos móveis custam uma fortuna. E quando se acrescentam os custos das contas correntes, dos automóveis sofisticados e das férias, chega-se à conclusão de que é necessária uma soma de dinheiro considerável para sustentar todos esses médicos, advogados, psicólogos e não sei mais o quê.

"Mas o que é que tudo isto tem a ver com as atividades esportivas da garotada?", exclamei, sentindo-me muito frustrado.

"Os esportes infantis são uma parte de importância vital no processo, um elo vital nessa corrente. Se nossos garotos não aprenderem que a vitória é aquilo que mais interessa; se esses meninos não aprenderem que não existe espaço real para atividades verdadeiramente esportivas e para o divertimento; se esses meninos não aprenderem que não importa em quem se pisa desde que se consiga chegar ao topo; se esses meninos não aprenderem essas lições, eles simplesmente não se transformarão em adultos tão infelizes e pouco saudáveis quanto seus pais. E se eles não se sentirem miseráveis e doentes, não gastarão fortunas com médicos, psicólogos, advogados, bebidas alcoólicas, drogas e comprimidos. Eles não desperdiçarão pequenas fortunas comprando coisas das quais não necessitam, numa tentativa fútil e baldada de adquirirem a felicidade. Eles não gastarão bilhões em comida supérflua. Não comprarão carros sofisticados com a finalidade de impressionar os outros. Não gastarão quantidades vergonhosas de dinheiro nos lugares da moda apenas pela oportunidade de serem vistos. Ora, se todos crescessem felizes, nossa economia inegavelmente entraria em colapso! Nossa sociedade seria destruída!"

Fui forçado a admitir que existia uma certa lógica no que ele estava me dizendo.

"E que maneira melhor para se garantir a infelicidade das crianças do que tomar uma atividade simples e agradável, como a de chutar a bola de um lado para o outro do gramado, e arruiná-la permitindo que os pais gritem com eles das arquibancadas? É um golpe de mestre! Realmente, é um golpe de mestre! Isto serve para impor uma dose tremenda de pressão sobre os pobres garotos", exclamou ele, aparentemente deliciado.

"Que lugar poderia ser melhor para começar a fazer com que eles se sintam pessimamente mal", disse eu, "e, ao mesmo tempo, começar a dar um novo impulso à economia, do que um campo de atividades esportivas?"

"Exatamente! Exatamente!" O velho estava praticamente dançando de alegria.

"Em outras palavras, o senhor está dizendo que o esporte infantil praticamente é uma prioridade nacional?", perguntei.

"É isto mesmo. Sem estas pequenas ligas esportivas, nosso grande país acabaria perecendo. Passe bem, dr. Fox."

E, com estas palavras, ele colocou o chapéu na cabeça e afastou-se lentamente. Existia certa lógica em tudo o que ele tinha me dito. Eu estava quase me juntando aos pais que continuavam gritando "VENCER! VENCER! VENCER!", mas preferi não fazê-lo.

Veja, a verdadeira meta da vida sempre é a felicidade. A meta sempre é a felicidade.

A FELICIDADE É UMA DOR?

> *"A alegria do coração é a vida do homem; a alegria do homem torna mais longa a sua vida."*
>
> — Eclesiástico, 30:22

Há cerca de um ano, Barry escreveu um maravilhoso panfleto a respeito da felicidade, intitulado *Seis Dicas Para Ser Feliz*. Mostrei este texto a um conhecido meu, um médico que chamarei aqui de dr. Smith. Quando esse dr. Smith leu o panfleto, seu rosto ficou roxo e as veias na sua testa saltaram; suas mãos tremiam de raiva. "Não se pode acreditar nestas coisas!", gritou ele para mim. "Isto é uma bobagem da pior espécie, não é medicina! Isto prejudica as pessoas!"

"Prejudica as pessoas?", perguntei. "Como é que a felicidade pode prejudicar alguém?"

"Você não vê o que vocês estão fazendo?", vociferou ele. "Vocês estão dizendo para as pessoas acreditarem em coisas irreais! As úlceras são reais! O câncer é real! Ataques cardíacos são reais! Remédios são reais! A felicidade não é real, é uma bobagem! Eu prefiro a realidade à felicidade, sempre!

Adorei a reação dele! E fiquei tão excitado que imediatamente liguei para Barry. "O dr. Smith odiou o texto!", exclamei.

"Ótimo", respondeu Barry. "Agora temos a CERTEZA de que é bom."

Barry e eu rimos muito, pois freqüentemente usamos o dr. Smith, um homem extremamente objetivo, "amante da realidade", como teste final dos nossos textos. Sempre que ele não gosta de alguma coisa, sabemos que ela é boa.

Assim como o dr. Smith, muitas pessoas se recusam a ser felizes, consideram o riso um inimigo, se ofendem com a felicidade. Um de meus pacientes, um diretor de banco de cinqüenta e três anos chamado Jake, tinha orgulho em descrever a si mesmo como "ácido na vida dos meus funcionários".

"Eu não TENHO *stress*", disse ele a mim e a Barry. "Eu CAUSO o *stress*." Jake, que foi criado num orfanato, se aprazia em infernizar a vida de seus funcionários. Dava para sentir que alguma coisa estava errada assim que se entrava no banco. As secretárias, os funcionários e os gerentes raramente levantavam os olhos das mesas, ocupando-se o tempo todo de trabalhos reais ou imaginários. Quando precisavam de alguma coisa em outra parte do banco, locomoviam-se rapidamente, com a cabeça enterrada em seus papéis. Barry os descrevia como "camundongos assustados, com medo de serem vistos pelo gato".

Empregados que tinham a infelicidade de cometer algum deslize, por menor que fosse, eram atingidos por uma saraivada de sarcasmo por parte de Jake. Eram ridicularizados diante de todos, incluindo clientes e colegas de trabalho. Quando Barry perguntou a Jake o que ele achava da felicidade, o banqueiro riu e respondeu:

"Felicidade? É claro que eu sou um sujeito feliz! Eu gosto de começar o dia com um sorriso e depois esquecê-lo rapidamente. Sentir-se feliz o tempo inteiro significa apenas que você está se enganando." Ergueu-se da cadeira, deu um murro na mesa e esbravejou: "Eu acredito que o meu dever na vida é fazer com que as pessoas deixem de enganar a si mesmas!"

Tal como Jake, muitas pessoas acham que é seu dever informar a todos o quão infelizes eles realmente são. Elas parecem sentir prazer em destruir a nossa felicidade. Obviamente, a raiva que essas pessoas projetam sobre as demais é alimentada pela raiva que existe dentro delas mesmas. Essas pessoas não têm alternativa: elas tentam "dar uma lição" aos outros porque se sentem extremamente mal. Por se sentirem muito inadequadas, procuram estraçalhar os demais.

Hostilidade dói...

Dói tanto em você quanto neles. Por exemplo, a edição de fevereiro de 1991 do *Medical Aspects of Human Sexuality*, relata um estudo realizado por Redford Williams, da Universidade Duke. Durante os anos sessenta, Williams e Ilene Siegler examinaram os resultados de testes de personalidade realizados por oitocentos e cinqüenta estudantes da Universidade da Carolina do Norte. Vinte anos mais tarde, eles compararam os exames de sangue desses estudantes com os seus testes de personalidade. Os jovens que tinham tido resultados elevados na escala da hostilidade se tornaram adultos com elevados índices totais de colesterol, e com baixas quantidades de colesterol "bom" (HDL, ou lipoproteína de alta densidade). Qual a relação que existe entre a hostilidade e os elevados índices de colesterol? Não podemos descrever os mecanismos exatos, mas parece provável que a raiva deflagre a produção de hormônios do *stress*. Estes hormônios, por sua vez, fazem com que o corpo libere gordura para a circulação sangüínea, provocando outras reações que acabam levando ao colesterol elevado.

Ficar irritado de vez em quando não é suficiente para entupir as artérias. Mas uma raiva persistente a longo prazo pode transformá-lo num candidato a um ataque cardíaco.

A GAROTA DAS DEZ GOTAS

Quando Barry e eu nos sentamos para discutir o que deveria ser incluído neste capítulo, ele disse que precisaríamos contar a história da "Mulher das Dez Gotas". Assim que conheci a história, concordei.

Barry conheceu a "Garota das Dez Gotas", cujo nome é Patty, num seminário que organizou aqui em Los Angeles. Ela conversou com ele depois da palestra, depois de ele ter respondido a todas as perguntas, de ter apertado todas as mãos e de ter autografado os livros. Uma linda mulher, com pouco mais de trinta anos, ela se movimentava com muita elegância e irradiava felicidade. Até mesmo sua voz, arrastada como a de Lauren Bacall, era vibrante e alegre. Sua história, no entanto, era agridoce.

Patty não tem nenhuma lembrança dos seus pais; eles morreram no mesmo acidente automobilístico que a deixou com uma perna estraçalhada. Depois de várias cirurgias e de vários anos no orfanato, ela foi incluída num programa de adoção, e foi morar com uma família. "A primeira dessas famílias era muito simpática", disse ela, "embora fizessem questão de dizer a todos que eu era apenas uma filha de criação." Patty ficou com eles durante apenas uns seis meses antes de ser enviada de volta ao orfanato. Ela nunca descobriu os motivos pelos quais teve de voltar.

A menina ficou na casa de várias outras famílias, às vezes por alguns meses, uma vez por pouco mais de um ano, sempre oscilando entre os lares adotivos e o orfanato. Algumas dessas famílias eram simpáticas, outras a negligenciavam. Numa delas, Patty sofreu vários abusos, foi espancada e, uma vez, até molestada sexualmente. Depois de muitas tentativas, ela finalmente ficou com os Thompsons. "Como eles já estavam com quase cinqüenta anos de idade, a assistente social achou que eles eram um pouco velhos demais para assumir a educação de uma menina de doze anos. Felizmente, eles acharam que isso não tinha muita importância."

Os Thompsons foram os únicos que apresentaram Patty como "nossa filha" (não como "filha de criação" ou "a garota que pegamos para criar"). Pela primeira vez em sua vida, disse Patty, ela se sentiu amada. Os Thompsons não dispunham de muito dinheiro; na verdade, eram os mais pobres de todos os pais adotivos que ela tinha tido. "Mas eles foram a minha primeira, e única, família de verdade", disse ela.

"No dia em que cheguei lá, assim que a assistente social me entregou a eles, os dois fizeram uma festa para mim. Éramos quatro: meu novo pai, minha nova mãe e Melissa, minha nova irmã. Havia um bolo e presentes. Ganhei dois vestidos, um estojo de maquiagem e uma bicicleta. Nunca tinha ganho tantos presentes num aniversário, e nem era o dia do meu aniversário. A bicicleta era usada, não era do meu tamanho, mas eu a adorei. Foi a minha primeira bicicleta. Chorei de alegria."

Depois da festa, Melissa Thompson, três anos mais velha do que Patty, levou a tímida órfã para passear pela vizinhança, apresentando-a aos seus amigos, conversando sobre maquiagem, meninos e outros assuntos de interesse comum. Patty ficou espantada — ela nunca tinha sido tão bem tratada, nunca tinha sido recebida de braços tão abertos. Era como estar numa ilha da fantasia.

Nessa noite, quanto Patty se sentou para jantar com a nova família, o pai deu início a uma pequena cerimônia. Erguendo bem alto seu copo de água, ele disse: "A TAÇA DA NOSSA VIDA ESTÁ REPLETA DE FELICIDADE." Depois, recolocando o copo sobre a mesa, com a ajuda de uma colher, ele tirou uma gota de água. Deixando esta gota cair sobre a toalha, ele disse: "ESTOU REMOVENDO A RAIVA DE HOJE." Ele repetiu o gesto e, ao deixar cair a segunda gota, disse:

"ESTOU REMOVENDO O MEDO DE HOJE." Gota por gota, ele removeu dez elementos negativos da taça da vida.

"Depois, após ter removido as 'dez pragas' da taça da vida", explicou Patty, "ele voltou a encher o copo e disse":

Uma gota de amor,
Uma gota de calor,
Uma gota de amizade,
Uma gota de canção,
Uma gota de riso,
Uma gota de aprendizado,
Uma gota de crescimento,
Uma gota de solidariedade,
Uma gota de ajuda,
Uma gota de perdão.
Dez gotas formam um oceano de felicidade.

"Ele entregou o copo para a mulher. Ela disse: 'Dez gotas formam um oceano de felicidade', e tomou um gole. Melissa fez o mesmo, e passou o copo para mim. Durante um instante, fiquei irritada, até furiosa. Pensei comigo mesma: 'O que esta gente pensa que sabe do sofrimento? Eu sei o que é sofrimento! Eu sou uma órfã; eu fui empurrada de um lado para outro; fui espancada e sofri abusos sexuais. O que eles sabem do sofrimento?' Mas depois pensei: 'E eu? O que é que eu sei sobre a felicidade?' Então repeti a frase dos outros: 'Dez gotas formam um oceano de felicidade', e tomei um gole."

Patty contou a Barry como dez pequenas gotas realmente se transformaram num oceano de felicidade em sua vida. As gotas de amor, amizade, calor, canção, riso, aprendizado, crescimento, solidariedade, ajuda e perdão que compartilhou com sua nova família conseguiram eliminar todas as suas antigas mágoas. "Pela primeira vez, eu me senti realmente feliz", disse ela. "Não que eu vivesse realmente deprimida antes. Às vezes eu ficava triste, outras vezes contente. Mas ali eu me sentia completamente feliz."

Três anos de felicidade se passaram antes que o Sr. Thompson morresse, vitimado por um ataque cardíaco fulminante. Sua mulher, que dispunha de pouco dinheiro, lutou para poder continuar com Patty, mas as autoridades decidiram que a garota, na época com quinze anos, ficaria melhor no orfanato. A sra. Thompson, a única mulher que Patty chegou a chamar de "Mãe", teve de se mudar para o outro lado dos Estados Unidos, onde viviam parentes seus, e Melissa foi estudar numa universidade.

"Voltar para o orfanato foi como se me arrancassem o sorriso do rosto, e me colassem lágrimas eternas na face. Passei semanas chorando. Depois, comecei a fazer o ritual das dez gotas. Eu ficava embaraçada, não queria ser vista. Mas as outras garotas descobriram, é claro, e passaram a me chamar de 'A Garota das Dez Gotas'. E, sabe de uma coisa? O ritual representou uma grande diferença para mim. Eu via cada gota ruim que retirava da minha taça como sendo uma lágrima, e cada gota de felicidade que colocava nela como um sorriso. Dez lágrimas saíam e dez sorrisos entravam. Isto funciona."

Esta é a fórmula: dez lágrimas saem e dez sorrisos entram.

Coisas boas e coisas ruins cruzam em nossas vidas. Algumas das coisas boas são excelentes, e algumas das ruins são extremamente dolorosas. Muitos de nós — uma quantidade grande demais — são especialistas em sofrer. Sabemos tudo sobre a tristeza, somos capazes de descrever a miséria em seus mínimos detalhes. Mas o que sabemos da felicidade?

Se temos a impressão de que a vida é uma escola de tristezas, isto se deve apenas ao fato de o nosso currículo estar totalmente errado. Podemos saber tanto sobre a felicidade quanto sabemos da tristeza. Podemos ensinar a nós mesmos, e também aos outros, como beber gotas de felicidade, para que eliminem as coisas ruins. E o que são estas dez gotas? Elas não são pilhas e mais pilhas de dinheiro, não são mansões ou automóveis sofisticados; são coisas simples e pequenas como risos e amigos. Uma gota de canção, uma gota de solidariedade. Dez lágrimas saem, dez sorrisos entram.

"Melissa e eu atualmente somos quase vizinhas", contou Patty a Barry. "Nossos filhos estudam na mesma escola. Mamãe morreu há três anos. Na cerimônia do funeral, tiramos dez gotas da taça e lhe acrescentamos dez outras gotas. Todos tomaram um gole da taça. O que restou nós despejamos sobre a sepultura."

Ela perdeu os pais duas vezes, muitas cirurgias foram necessárias para recuperar sua perna, foi empurrada de um lado para o outro, foi tratada como "a garota da qual estamos cuidando", sofreu abusos físicos e sexuais. Ela conseguiu encontrar uma nova e maravilhosa família, estudou numa ótima universidade, casou-se, tem dois filhos e um relacionamento íntimo com sua irmã. Para Patty, tudo se resume nisto: dez lágrimas saem, dez sorrisos entram. "É a fórmula da felicidade."

PREOCUPAÇÃO, A MAIOR INIMIGA DA FELICIDADE

"Consumimos nossos amanhãs quando nos preocupamos com os dias de ontem."

— Pérsio

Por que quase nunca somos tão felizes quanto deveríamos ser? Por que damos a impressão de nos concentrarmos em lágrimas, ignorando os sorrisos? Já ouvi muitas respostas a esta pergunta:

- *"Quem pode se sentir feliz se a economia está indo por água abaixo?"*
- *"No momento, estou assustada demais com os crimes cometidos na rua e não consigo ser feliz."*
- *"Tenho responsabilidades demais."*
- *"Meu emprego exige muito de mim."*
- *"As crianças é que têm tempo para se divertir. Eu preciso pensar em coisas mais sérias."*
- *"Meu casamento acaba de se desfazer. Não tenho motivo algum para sorrir."*

Medo, mágoas recentes, responsabilidades em excesso, trabalho demais — existem inúmeras razões para as pessoas não serem felizes. Algumas delas são até válidas; afinal, é difícil ser feliz quando uma pessoa amada morreu. Mas se examinarmos melhor muitos dos motivos que temos para não sermos felizes, chegaremos ao ponto principal: preocupação. Todos nos preocupamos com a possibilidade de não sermos suficientemente bons, suficientemente fortes, inteligentes, rápidos, persistentes. Preocupamo-nos com o fato de não estarmos progredindo, de podermos fracassar, de poderem rir de nós. Nós nos preocupamos com a possibilidade de perder dinheiro, *status*, "imagem". Por excesso de preocupação, deixamos de fazer coisas, somos levados à inatividade. De tanta preocupação, desenvolvemos medos e temores. De tanta preocupação, evitamos até o amor. De tanta preocupação, nos afastamos da felicidade.

A preocupação é brilhante: ela nos diz que não podemos ser felizes, de maneira que o melhor é passar a vida encontrando defeitos nos outros. A preocupação tem medo de que tentemos algo novo e fracassemos, e passa a nos dizer que o "algo novo" não tem importância. Ela também nos diz que estamos ocupados demais, que é absolutamente imprescindível assistir aqueles maravilhosos programas novos na televisão. A preocupação nos faz ficar sentados durante horas diante da televisão, porque não podemos deixar de assistir à programação. A televisão nos mantém ocupados, de modo que "não temos tempo" para qualquer outra coisa, para algo que possa ser um desafio, algo que possa nos fazer fracassar. A preocupação nos diz que precisamos aprender a fazer uma coisa direito, antes de tentar algo novo; mas, como jamais conseguiremos aprender a primeira coisa, melhor é esquecer a segunda. Bem mais sensato é ficar o tempo todo diante da televisão.

A preocupação é o maior fator de estagnação em nossas vidas. É o principal motivo para não se fazer as coisas — não temos coragem de arriscar. A preocupação é inimiga do esforço e da imaginação. Solapa nossos talentos, nos diz que somos incapazes. Ela destrói a confiança que temos em nós mesmos. A preocupação estrangula nossas vidas. Será de espantar que ela seja a principal inimiga da felicidade?

PREOCUPADO DEMAIS PARA VIVER

> *"Os vermes nos devoram quando estamos mortos, as preocupações o fazem quando ainda estamos vivos."*
>
> — Provérbio judeu

Certa vez, pediram que eu fosse ver um homem internado num hospital. Tim, um solteirão de trinta e oito anos, sofria de asma há décadas, e estava fazendo um grande esforço para respirar através de um grosso tubo de plástico enfiado em sua boca. Eu ouvia os sons barulhentos da máquina "respirando"; aqueles sons característicos que eu não saberia como reproduzir por escrito. E podia imaginar como o ar penetrava em seus pulmões, percorrendo vias estreitas que, algumas horas antes, estavam sendo estranguladas por músculos determinados a impedir a entrada do oxigênio tão necessário.

"Tim se preocupa demais com tudo", disse-me seu irmão, um dia no hospital. "Seu QI é 130, mas ele tem um trabalho enfadonho diante de uma calculadora. Sua empresa somente o promoverá se ele se submeter a um teste, que ele seria capaz de resolver dormindo, mas ele tem medo de fazê-lo. Certa vez, ele chegou a marcar o teste; mas na manhã da prova teve um ataque de asma tão forte que precisou ser internado e entupido de adrenalina para poder continuar respirando. Nossos pais costumavam tentar obrigá-lo a fazer coisas, quando éramos crianças, mas ele entrava em pânico e tinha um ataque de asma."

Seu irmão me contou que Tim não namora porque se preocupa com a possibilidade de "não dar certo". Ele também quis fazer um curso de alpinismo com o irmão, mas começou a sentir falta de ar assim que viu as pedras que deveria escalar. Este episódio foi a gota d'água. Tim ingressou num clube Toastmaster para aprender a falar em público. Vem freqüentando as sessões há um ano, mas ainda não fez um único discurso sequer. Ele fica doente sempre que chega sua vez.

Literalmente, as preocupações de Tim o estavam estrangulando. Ele se preocupava com a possibilidade de não passar em testes, de não impressionar as mulheres, de fazer uma má palestra. Ele se preocupava com tudo.

Depois de remover o tubo de respiração, conversei com ele. Ele era visivelmente um homem muito inteligente. Seus conhecimentos de história dos Estados Unidos e da Inglaterra eram espantosos. "Já que você gosta tanto de história, por que não dá aulas?", perguntei.

"É preciso ter uma credencial para ensinar nas escolas secundárias", respondeu ele.

"Você poderia dar aulas numa universidade", sugeri.

"Mas os professores precisam participar de comitês e enfrentar todo tipo de absurdos burocráticos", replicou ele rapidamente.

"É verdade. Mas você poderia escrever livros e divulgar seus conhecimentos."

"Os editores iriam exigir livros comerciais, e eu não gostaria de me submeter ao mau gosto do público", respondeu ele. Quando eu sugeri que ele poderia publicar pessoalmente o livro, ele argumentou que teria de gastar tanto tempo com os aspectos empresariais da publicação que deixaria de ser um historiador.

Então eu disse: "Obviamente, você é um homem brilhante. Como se explica que não tenha sido promovido em todos estes anos?"

Ele observou que, se tivesse sido promovido, teria de assumir mais responsabilidades. E se tivesse mais responsabilidades, seria obrigado a trabalhar muito mais. E se trabalhasse mais, deixaria de ter tempo disponível à noite e nos fins de semana para seus estudos.

"E uma mulher, uma família?", perguntei:

"Que mulher haveria de me querer?", perguntou ele. "Estou com trinta e oito anos, não tenho dinheiro e nem um bom futuro."

"Mas você poderia ganhar mais dinheiro, conquistar um futuro!", exclamei. "Com sua inteligência, você poderia ser um homem muito rico."

"Sim, mas eu não gostaria de ter uma mulher interessada apenas no meu dinheiro", replicou ele. "Além do mais, uma família também significaria menos tempo para os meus estudos."

Pouco importando que sugestão eu fizesse, Tim sempre tinha uma explicação para não aceitá-la e para continuar enterrando sua vida nos livros. Não quero ser mal-entendido: aprender pelo simples prazer de saber é um dos maiores prazeres possíveis na vida. Mas acho que Tim estava realmente motivado pelo seu medo de fracassar como professor, como autor, como marido, como pai, como qualquer coisa. Depois de ter lido sua ficha médica, e de ter conversado com o irmão e os pais, constatei que Tim simplesmente estava preocupado demais para enfrentar qualquer coisa na vida. Ele se refugiava num emprego seguro e numa atividade de lazer que lhe permitia escapar do mundo. Sempre que era desafiado, seu medo se transformava em asma.

É interessante observar que, ficando doente, Tim resolvia seus problemas. Isto lhe fornecia um motivo válido de "preocupação". Sua asma o transformava numa vítima, num homem acometido por uma terrível doença, que recebia muitas atenções e manifestações de carinho. Não sei o que aconteceu com Tim, mas desconfio que ele continua enfurnado na sua vidinha, com os olhos colados nos livros, cultivando o próprio estrangulamento. As preocupações não permitiriam que ele fizesse coisa alguma. E certamente impediriam que Tim fosse feliz.

"ANWYRGAN"

> *"A preocupação cria sombras enormes para coisas minúsculas."*
>
> — Provérbio sueco

A palavra inglesa "worry" (preocupação) é derivada de um vocábulo latino, "wyrgan", que significa "estrangular". É exatamente isto o que fazemos quando nos preocupamos: nós nos estrangulamos, além de estrangular a criatividade, a capacidade de pensar, a força, a flexibilidade, nossa fé em nós mesmos, nosso sistema imunológico, nossa saúde.

Por outro lado, "joy" (felicidade), vem de uma palavra latina cujo significado é "jóia". Preocupação *versus* felicidade. Estrangulamento *versus* a jóia, a jóia da felicidade, da vida, da saúde e do contentamento.

Como a preocupação (wyrgan) nos estrangula, queremos *anwyrgan*. O prefixo "an" significa "sem". Ser *anwyrgan* significa andar pela vida sem nos estrangular com preocupações. Vamos andar pela vida como jóias de felicidade.

SEIS MOTIVOS PARA NÃO SE PREOCUPAR

> *"Vamos ter um grande regozijo, lembrando que os infortúnios mais difíceis de serem suportados são aqueles que nunca aparecem."*
>
> — James Russell Lowell

Certa vez, fomos desafiados por um empresário durante um seminário. Ele declarou: "Dirijo uma empresa avaliada em vários milhões de dólares. As decisões precisam ser tomadas diariamente. Milhares de coisas podem não dar certo com o produto, as vendas, a distribuição, a publicidade, a contabilidade, o *marketing*. E se eu não me preocupar, quem o fará?"

Se você não se preocupar, quem o fará? Sinceramente, espero que ninguém se preocupe. Vamos fazer tudo o que precisa ser feito sem nos estrangularmos, sem estancar o fluxo do pensamento, da criatividade, da energia e do entusiasmo. Algumas pessoas acreditam que as preocupações são valiosas, que de alguma forma elas nos ajudam. Perceber que existe um problema e querer fazer alguma coisa para resolvê-lo é uma atitude valiosa e necessária. A preocupação, no entanto, nos mata por asfixia. Não há bom motivo que justifique uma preocupação excessiva. Na verdade, existem Seis Bons Motivos Para Não Se Preocupar.

1. A preocupação atrapalha o caminho da ação positiva

Do nascimento à morte somos constantemente bombardeados por mensagens negativas: "*Você não pode fazer isto.*" "*Você não é suficientemente bom.*" "*Você jamais conseguirá o que deseja.*" "*Você vai acabar fracassando.*" Essas mensagens, intencionais ou não, verbais ou não, corroem a nossa confiança, abalando as energias e sufocando a criatividade.

O cérebro deve receber todo tipo de mensagens: fatos, *feedbacks* positivos e negativos, encorajamentos, desencorajamentos, você pode fazer isto, você precisa treinar mais para fazer aquilo, faça isto agora e aquilo mais tarde. Misturando todas as informações, tomamos as decisões.

Quando nos preocupamos, o olho mental fica concentrado apenas nas coisas negativas. As informações positivas e encorajadoras estão sempre presentes, mas a preocupação não nos deixa vê-las, ouvi-las ou acreditar nelas. A preocupação fixa o olho mental em coisas negativas, em imagens de fracasso, de fraqueza ou de perturbação. Ela empurra constantemente a mesma mensagem para o primeiro plano da mente. Quando deveríamos estar nos preocupando com os milhares de coisas que iremos fazer, a preocupação nos diz que podemos fazer uma única coisa: fracassar.

A preocupação nos deixa paralisados. Ela se interpõe no caminho dos pensamentos positivos e das ações positivas.

2. A preocupação destrói a felicidade — e a saúde

A mente humana é incapaz de dar atenção a dois pensamentos opostos por muito tempo. Inevitavelmente, um deles acaba deslocando o outro. Não podemos ser felizes enquanto estamos preocupados. Da mesma forma, não conseguimos ficar preocupados quando estamos felizes. Embora a felicidade seja uma forte emoção, uma maravilhosa emoção, ela pode ser anulada pela preocupação.

O cérebro é a maior glândula do corpo humano, produzindo um fluxo constante de bio-substâncias que afetam toda e qualquer célula. Cada pensamento que surge afeta a nossa bioquímica para melhor ou para pior. Desta forma, uma mente constantemente repleta de preocupações pode inundar o corpo com substâncias preocupantes, substâncias químicas de alta voltagem, como a adrenalina e a cortisona que, quando presentes nas quantidades erradas, nos momentos errados, abalam a nossa saúde.

A preocupação prejudica o sistema imunológico. Preocupações crônicas reduzem a eficiência das células T e de outras células do sistema imunológico. A preocupação causa doenças cardíacas, câncer, derrames, hipertensão e outros problemas letais.

A preocupação aumenta os níveis de colesterol no sangue. Um aumento de colesterol no sangue pode ser detectado duas horas após o início de um *stress*. Ao contrário das catecolaminas (substâncias semelhantes à adrenalina) e da cortisona, que diminuem rapidamente depois do *stress*, o colesterol permanece elevado durante algum tempo. Examinando o *stress* acadêmico, constatamos que os níveis de colesterol se mantêm elevados mesmo semanas após os grandes exames em escolas de medicina.[1] Depois de examinarem mais de quarenta estudantes,

---

1. Dimsdale, J & Herd, JA: *Variability of Plasma Lipids in Response to Emotional Arousal*. Psychosomatic Med., 44: 413-430, 1982.

Francis, K.: *Phychologic Correlates of Serum Indicator of Stress in Man: A longitudinal Study*. Psychosomatic Med., 41: 617-628, 1976.

os pesquisadores constataram que, em quase todos eles, o *stress* forçou o aumento de 8 a 36% nos níveis de colesterol. Em alguns casos, de estudantes de direito preparando-se para exames que lhes permitiriram o exercício da profissão, o colesterol aumentou de 150 para 300, sendo que, em alguns casos, o salto foi de 250 para 500. Também já constatei grandes quedas de HDL (o colesterol "bom", que todos queremos ter) em casos de *stress*.

Se eu fosse um poder maldoso interessado em torturar a raça humana, eu não utilizaria furacões, terremotos ou inundações. Em vez disto, eu criaria um vírus da preocupação. Seria um vírus virulento, de fácil disseminação, saltando de uma pessoa para outra sem contato físico. O vírus da preocupação seria pior do que os desastres naturais, porque ser infectado por ele equivaleria a uma tortura lenta; uma existência de medos, dúvidas e frustrações. O vírus da preocupação deixaria a bioquímica das pessoas de cabeça para baixo, enfraquecendo lentamente seu sistema imunológico, consumindo sua energia e destruindo sua criatividade.

A preocupação destrói a felicidade e também a saúde. Mas podemos trancar a porta para ela, enchendo nossas mentes com felicidade, amor, fé em nós mesmos e outros grandes pensamentos.

3. A preocupação é um grande vício

A preocupação é um vício, tão ruim quanto a dependência da nicotina, do álcool, dos excessos alimentares e da cocaína. Seria possível afirmar que a preocupação, que freqüentemente nos leva a outros vícios, é o "vício-mãe".

Somos prejudicados psicologicamente, fisiologicamente e socialmente pelas preocupações. Elas nos derrubam. Tentamos aliviar as terríveis sensações fumando ou comendo, ou então ingerindo bebidas ou drogas. Cedemos à tentações de automedicação. Arruinamos nossa saúde. Mas as preocupações continuam presentes. Tentamos conseguir coisas materiais, dinheiro, casas, carros e aparelhos de som, para aliviar nossas preocupações; e precisamos cada vez de mais coisas. Mas as preocupações continuam presentes. Tomamos excitantes para disfarçar as preocupações, e depois necessitamos de tranqüilizantes para compensar esses efeitos. Mas as preocupações continuam presentes, fazendo companhia aos nossos novos vícios. Milhões de pessoas estão presas a esse círculo vicioso, amarradas numa rede de vícios, iniciados pelo vício-mãe: a preocupação.

4. A preocupação engorda — ou emagrece

O peso pode estar fortemente relacionado com as preocupações. Por se preocuparem em excesso, muitas pessoas acabam comendo demais. Começam a fazer isto na juventude, acreditando que já são gordas. E como são gordas, não conseguem namorados decentes, nem bons empregos, nem isto ou aquilo. Não leva muito tempo para que se convençam de que são perdedores. E agora elas dispõem de muitos motivos de preocupação. Os que tentam emagrecer se preocupam com a possibilidade de que os resultados não venham a ser duradouros. Inconscientemente, essas pessoas estão sabotando suas próprias dietas — e o restante de suas vidas — com preocupações. Os que não tentam perder peso se preocupam pelo fato de serem fracos. A preocupação também pode impelir outros para o caminho inverso, desenvolvendo casos de anorexia ou de bulimia.

5. Nós nos preocupamos pelos motivos errados

Freqüentemente, nós nos preocupamos menos com o que está acontecendo do que com o que os outros poderão dizer. Por exemplo, perder um grande cliente é ruim. Mas quantos pais demonstram um orgulho excessivo em relação às realizações de seus filhos? E o que acontece quando esses filhos não podem, ou não conseguem, apresentar desempenhos à altura do que se espera deles? É natural que os pais queiram que seus filhos consigam bons desempenhos, mas até que ponto essa preocupação não está associada com nós mesmos e não com os filhos? *Raramente nos preocupamos pelo motivo que julgamos estar nos preocupando.* Os competidores de fim de semana nos parques, sempre tão ansiosos pela vitória: será que a vitória realmente é tão importante assim, ou eles estão apenas preocupados com a possibilidade de estarem fazendo uma péssima figura?

6. A preocupação não funciona

O melhor argumento contra a preocupação é muito simples: ela não funciona. A preocupação não resolve coisa nenhuma, pelo contrário, ela *cria* problemas. É claro que uma preocupação positiva, ou seja, uma conscientização dos problemas, e o desejo de resolvê-los, serve de incentivo. Esse interesse positivo pode nos ajudar a encontrar caminhos para superar as dificuldades. Mas a preocupação negativa, por outro lado, nos deixa paralisados. Ela congela as engrenagens da nossa mente. Ela simplesmente não funciona.

Thomas Edison teve muito mais fracassos do que êxitos. Babe Ruth também teve mais lances errados do que grandes jogadas. Cristóvão Colombo, Charles Lindberg e Neil Armstrong, o primeiro homem a pisar na Lua, tinham todos os motivos do mundo para se preocuparem. David Ben Gurion, que foi o pimeiro primeiro-ministro de Israel, enfrentou obstáculos aparentemente intransponíveis, mas mesmo assim foi em frente. Na Polônia, Lech Walesa, o líder sindical do Solidariedade, também enfrentou obstáculos impossíveis. Quanto estas pessoas teriam realizado se tivessem passado suas vidas se preocupando, em vez de irem em frente e fazerem as coisas?

A preocupação nos diminui dentro de nossa própria mente. A preocupação torna nossos adversários mais fortes e nossos problemas maiores. A preocupação abala a nossa fé. A preocupação impede os pensamentos positivos e as ações positivas.

RECEITA: GOTAS DE FELICIDADE

"Isto me deixa tão irritado, que até as caspas ficam em pé."

— Samuel Goldwyn (da MGM)

Vamos tomar emprestado de Patty a fórmula da felicidade: dez lágrimas saem, dez sorrisos entram. Encha um copo com água, quase até a borda. Erga-o bem alto e diga: "*A taça da minha vida está repleta de felicidade.*" Coloque o copo de volta sobre a mesa e, usando uma colher ou os dedos, retire dez gotas de água, deixando que cada uma delas caia sobre a toalha, enquanto você diz:

"Estou removendo a raiva de hoje, o medo, a autopiedade, a dúvida, a inveja, a preocupação, a tristeza, a falta de perdão, o

egoísmo e o coração endurecido. Estou removendo todas as lágrimas da minha vida."

Depois de ter eliminado assim as dez lágrimas da sua vida, substitua-as por dez outras gotas, que se transformarão no seu oceano de felicidade. Coloque-as no copo, dizendo:

Uma gota de amor,
Uma gota de calor,
Uma gota de amizade,
Uma gota de canção,
Uma gota de riso,
Uma gota de aprendizado
Uma gota de crescimento,
Uma gota de solidariedade,
Uma gota de ajuda,
Uma gota de perdão.
Dez gotas formam um oceano de felicidade.

Ao beber a água do copo, procure lembrar que, embora as preocupações por vezes pareçam mais numerosas do que os grãos de areia numa praia, a felicidade está a apenas dez gotas de distância.

UMA CRUZADA PELA FELICIDADE

"A melhor maneira de ficar mais animado é animando alguma outra pessoa."

— Mark Twain

A melhor maneira de nos livrarmos da preocupação é agindo! Existe, por exemplo, esta ação simbólica interior das "dez gotas". Para realizar uma ação externa, jogue-se numa cruzada pela felicidade. O micróbio da tristeza sobrevive durante todo o tempo que uma pessoa fica triste. Enquanto o ódio estiver presente no coração, correremos riscos. Preencha a si mesmo com gotas de felicidade, e ajude outros a encontrar a felicidade também. Lembre-se de que todos somos apenas humanos.

Às vezes, ficaremos preocupados, isto é inevitável; nos sentiremos mal ou furiosos. Na verdade, alguém já afirmou que a felicidade é ainda mais maravilhosa porque antes dela sentimos a tristeza e a infelicidade.

A tristeza é uma emoção natural, mas o melhor é mantê-la sempre na sua devida perspectiva. Infelizmente, permitimos que as preocupações ampliem muitas das nossas frustrações e tristezas, bem além de qualquer perspectiva. De fato, parece que algumas pessoas ficam sempre tão ocupadas se preocupando que esquecem como podem ser felizes.

Vamos ajudar a todos os que estão soterrados sob as preocupações, e também ajudar a nós mesmos realizando uma cruzada pela felicidade. Vamos:

Rir *para os preocupados; para que eles se sintam inundados de felicidade.*

Agir *pelos preocupados; para que eles possam saber o que fazer.*

Dar força *aos preocupados; para que eles tenham mais coragem.*

Falar amorosamente *com os preocupados; pois o amor sempre derrota o medo.*

Falar suavemente *com os preocupados; dando-lhes motivos para sorrir.*

Falar alegremente *com os preocupados; para que eles possam encontrar a alegria.*

Tocar os preocupados com a alegria do nosso espírito*, porque somos o melhor remédio para sua alma. Empreste alegremente um ombro para outros chorarem, um ouvido capaz de escutar, um coração que seja compreensivo.*

Nunca temer a tristeza da preocupação*; um sorriso é o suficiente para dissipar mil lágrimas.*

Cantar *para os preocupados, sorrir para eles, passar o tempo com eles; enfim, dar-lhes mais coragem.*

Rezar *pelos preocupados. Reze com toda a alegria dentro de si, e certamente você estará entre os abençoados.*

Todas essas coisas podem não parecer ações, mas são. Pois quando você canta para os preocupados, quando sorri para eles, quando lhes dá coragem, você está fazendo a vida deles ficar um pouco mais leve. Você não está fazendo algo palpável; você está fazendo algo melhor ainda. Você está modificando a sua própria atitude em relação às pessoas preocupadas que passam pelo seu caminho. Em vez de reagir negativamente, você compreenderá. Suas respostas serão mais brandas, e você poderá ajudá-los a encontrar a felicidade. Ajude os preocupados a compreenderem que a taça deles está repleta de felicidade e a sua própria taça nunca ficará vazia.

CAPÍTULO SEIS

A ILUSÃO DA REALIDADE

"A visão do homem tem a força de um leão."
— Provérbio inglês

Uma tarde, há muitos anos, uma enfermeira nervosa me procurou no saguão de um hospital. "Dr. Fox!", exclamou ela. "Mr. Halberstram, o paciente do 152, está fazendo flexões! Faça-o parar, por favor!"

Corri até o quarto 152. De fato, Mr. Halberstram estava lá estendido no chão, fazendo flexões. Suas costas estavam bem retas, e a cabeça estava erguida enquanto ele contava: "Trinta e um, trinta e dois, trinta e três." As flexões são excelentes exercícios, mas Mr. Halberstram tinha sofrido um ataque cardíaco e deveria estar repousando na cama. Quando sugeri que voltasse ao seu lugar entre os lençóis, de onde não deveria ter saído, ele respondeu, sem perder o ritmo do exercício: "Meu querido, você é um bom médico, mas existem algumas coisas que você não sabe."

Eu não sabia bem ao certo a que ele se referia, mas como estava obviamente resolvido a continuar com suas flexões, preferi deixá-lo sozinho.

Naqueles tempos, com exceção dos adolescentes, eram poucos os que respondiam aos médicos. Nós sempre éramos tratados com muito respeito, tanto dentro quanto fora do hospital. As enfermeiras mais velhas e tradicionais até se levantavam quando entrávamos numa sala. (Isto me deixava constrangido. Quando pedi a uma delas, com idade para ser minha mãe, para deixar de se levantar cada vez que eu passasse por ela, recebi como resposta a declaração de que continuaria agindo assim, em sinal de respeito.) Supunha-se que os pacientes nos tratariam como se fôssemos semideuses; esperava-se que eles ficassem docilmente deitados nos leitos, suportando apalpadelas, apertos, curativos e injeções. Na verdade, os pacientes mais submissos eram considerados os melhores.

Mas de vez em quando aparecia um paciente teimoso, alguém que queria saber exatamente o que estávamos fazendo e por que o fazíamos, que discutia conosco e se recusava a obedecer às ordens. Estes eram considerados os pacientes "ruins". E quanto mais discutiam e argumentavam, tanto piores passavam a ser considerados. Eu me lembro de um paciente chamado Alex, que causava problemas a todos. Embora não fosse meu paciente, eu o vira certa vez, muito tempo antes, quando ele havia se queixado de dores no peito. Aquilo preocupou o homem, de resto saudável e robusto, que ganhava a vida modestamente instalando telhados e isolamentos. Constatou-se que o seu problema tinha origem em ácidos estomacais, e não em distúrbios cardíacos.

Desta vez, Alex, um homem casado e pai de três meninas, havia voltado ao hospital com câncer. Alex era um paciente "ruim". Quando seu médico lhe disse que teria apenas mais alguns meses de vida, Alex insistiu em dizer que viveria pelo menos o dobro. Quando uma enfermeira tentou interromper seu programa predileto de televisão, para lhe aplicar uma injeção, educadamente mas com firmeza, ele a expulsou do quarto. E a comida hospitalar também não agradava ao seu paladar. Ele tanto reclamou que a administração finalmente concordou em permitir que a cozinheira preparasse os pratos de acordo com suas detalhadas especificações. Quanto mais os médicos tentavam fazer com que Alex "se comportasse", tanto mais problemas ele criava. E quando o hospital tentou resolver o problema transferindo Alex para outra instituição, ele ameaçou com um processo judicial.

A maioria dos médicos achava que Alex era tão difícil por ser um "sujeito grosseiro e durão". Na qualidade de consultor do caso, vi Alex várias vezes durante sua estada no hospital. E pude constatar que ele não era uma pessoa mesquinha. Pelo contrário, a maneira como brincava com as filhas — contrariando as regras, porque naqueles tempos não era permitida a permanência de crianças nos hospitais — sugeria que ele era um homem muito amoroso. Ele permitia que elas ficassem pulando na sua cama, fazia cócegas nelas, jogava a caçula para o ar e ela gritava de prazer. Mais tarde, depois que as meninas iam embora, havia lágrimas em seus olhos, quando ele e sua mulher se perguntavam o que aconteceria com elas depois que ele morresse. E havia poucas dúvidas de que Alex iria morrer brevemente. Embora eu não acredite que se possa simplesmente afirmar que um paciente esteja com os dias contados, seu câncer estava muito disseminado pelo corpo inteiro. Alguns dos médicos mais cínicos afirmavam que, se o câncer não o matasse, isto certamente seria feito pelo tratamento, a quimioterapia. Tudo era apenas uma questão de tempo, diziam eles.

Curioso, perguntei a Alex porque ele lutava contra as regras e tradições do hospital. "É que eu quero manter o controle da situação", respondeu ele.

Achei sua resposta estranha. Ele não ficaria melhor deixando o controle aos médicos, mais bem-informados quanto à doença, às cirurgias e aos medicamentos? "Não seria melhor se você deixasse tudo isto aos nossos cuidados?"

Ele respondeu: "É que vocês transformam os pacientes em bonecos. Como não estudei, sou obrigado a aceitar os conselhos médicos. Mas eu quero ter o controle sobre a minha vida."

"Por que o controle é tão importante assim para você?"

"Se eu entregar o controle aos médicos, estarei morto em seis meses. É o máximo de sobrevida que eu tenho, segundo eles. Mas se eu tiver o controle, talvez consiga resistir mais tempo."

Até o final, Alex não esmoreceu na sua luta contra o câncer, na sua luta pelo controle. Ele insistia em ouvir longas explicações dos médicos a respeito de tudo, exigia que as filhas pudessem continuar fazendo visitas, recusava-se a interromper seus programas prediletos de televisão, e assim por diante. Mesmo sofrendo dores intensas, recusava-se a tomar os narcóticos receitados quando suas filhas estavam para chegar. Era estranho observar este homem, outrora forte e robusto, acostumado a ganhar a vida com as mãos, agora cansado e emagrecido, brincando com suas filhas, tão repletas de vitalidade e força.

Finalmente, Alex recebeu alta para ir morrer em casa. O "prazo" de seis meses que o médico lhe dera havia se esgotado, e eu supus que Alex já deveria ter falecido. Novos pacientes eram internados todos os dias, crises e sucessos iam se acumulando, e o paciente "ruim" com três filhas logo foi esquecido.

Não sei dizer quanto tempo passou — vários meses, suponho — quando me pediram que examinasse outro caso de câncer. Quase comecei a rir, quando me entregaram o volumoso prontuário do novo paciente: era Alex. "Este é daqueles que criam problemas", disse-me a nova enfermeira. "Um daqueles bem problemáticos."

Alex sobreviveu a essa internação, sobreviveu a outro "prazo" solenemente imposto pelos médicos. Infelizmente, a visita seguinte ao hospital também foi a última. Acredito que não tenha deixado muito dinheiro às filhas. No entanto, tenho certeza de que legou a elas a força que tinha para lutar pela vida.

"Healthogenic"

Na escola de medicina, estudávamos pessoas doentes, moribundas e mortas. Examinávamos a anatomia geral, o sangue, a urina, a linfa, o fluido cerebrospinal. Examinávamos fatias microscópicas de tecidos retirados de pessoas com várias doenças. Fazíamos pronunciamentos e chegávamos a conclusões tomando nossas observações como base. Quando cheguei pela primeira vez ao Los Angeles County Hospital, em 1958, passei longas noites, quase surrealistas, em enfermarias repletas de pessoas de corpos inchados, braços e pernas mirrados, e pele amarela; pessoas confusas, que se debatiam, que precisavam ser amarradas às camas, que vomitavam sangue no meu uniforme branco e que morriam de coma hepático. Eu achava que todos os moradores da cidade eram alcoólatras, destinados a desenvolver casos de cirrose e, posteriormente, colapsos hepáticos; e, pior ainda, todos iriam tentar manter-me acordado por dias e dias seguidos tentando, em vão, salvá-los.

Era assim — e continua sendo — que os médicos aprendiam, pelo chamado método *patogênico* (relativo às causas das doenças). Examine as pessoas doentes. Como elas viveram, como adoeceram, como morreram? As doenças eram excitantes, e era simples de ver. Encontre o enfarte do miocárdio, a trombose coronária, a bronquite crônica (freqüentemente, o resultado final do hábito do fumo ou da exposição ocupacional a determinadas substâncias químicas), o câncer da tireóide (muitas vezes causado pela exposição ao iodo radioativo ou a outras substâncias), o mesotelioma (um câncer causado pela exposição ao asbesto muitos anos antes), a hipertensão sangüínea induzida pelo *stress*, a tuberculose (causada pela exposição a um germe chamado *mycobacetria tuberculosis*). Identifique e classifique a patologia. Mas o que dizer das pessoas expostas aos mesmos germes, substâncias químicas, *stress*, etc., e que continuam saudáveis? O que dizer das pessoas saudáveis?

Gradativamente, comecei a encarar meus pacientes, e as pessoas em geral, a partir de uma perspectiva diferente. Cheguei assim à visão *healthogenic* (relativa às causas da saúde), à idéia de que o estudo das pessoas saudáveis é tão esclarecedor quanto o estudo das doenças. Talvez ainda mais. Por exemplo, como se explica que aproximadamente uma terça parte dos sobreviventes dos campos de concentração nazistas, que sofreram anos e anos de desnutrição, trabalhos forçados, condições sanitárias horríveis, abusos físicos e constantes ameaças de morte, continuaram saudáveis depois de vários anos, enquanto muitos outros eram pessoas doentes? O que dizer sobre esta terça parte?

Muitos veteranos do Vietnã passaram pelos horrores das batalhas, vendo seus amigos sendo estraçalhados em explosões, mas apenas alguns deles sofreram traumas emocionais duradouros. Por quê? Eu tive pacientes nos quais injetávamos grandes quantidades de sangue que eles conseguiam perder quase instantaneamente. Eles tinham problemas múltiplos, incluindo colapso renal, colapso cardíaco, choques, sérios ataques de ansiedade e depressão. Estavam sujeitos ao *stress* físico, emocional e mental, mas se recuperavam e conseguiam levar vidas normais. Outros, muitas vezes com doenças bem menos sérias, sucumbiam e se tornavam espécimes patológicos do laboratório de autópsia.

Sim, claro, havia ainda os fatores de risco que eu podia examinar, coisas como colesterol elevado, obesidade, pressão sangüínea muito alta, fumo, álcool, diabete, e assim por diante. Mas os fatores de risco tradicionais nem sempre esclareciam muito. Afinal de contas, naquele tempo, muitos homens de meia-idade fumavam, bebiam demais, tinham excesso de peso, não faziam exercícios físicos e tinham pressão alta. Alguns eram diabéticos e tinham casos de ataque cardíaco na família. Outros não tinham nada disso. Alguns tinham um nível muito elevado de colesterol, ao passo que em outros o nível estava apenas um pouco alterado, ou era normal. Os fatores de risco tradicionais não conseguiam explicar tudo.

O que estava faltando? Eu estava colocando minha assinatura em cinco, seis, até sete atestados de óbito por semana. (Eu costumava me perguntar se alguém na assembléia estadual acompanhava meu trabalho. Imaginava se alguém estaria exclamando: “Mas este dr. Fox é o nosso homem número um!”) Na verdade, muitos dos atestados que eu assinava eram referentes a pessoas DOA (dead on arrival = mortos quando chegaram), ou quase DOA. Não restava a menor dúvida que o enfoque patogênico deixava muito a desejar. Nos anos setenta, travei uma batalha aparentemente isolada com meus colegas, tentando incluir o *stress* como um importante fator de risco para doenças das artérias coronárias, e também para outros problemas. Realizei cruzadas para convencer as pessoas a modificar suas dietas, fazer mais exercícios físicos e reduzir os elementos de *stress* em suas vidas. Isto ajudou, mas continuava faltando alguma coisa. O colesterol elevado, a pressão sangüínea alta, cigarro, álcool e outros fatores eram patogênicos. A alimentação sadia, os exercícios físicos e a redução do *stress* eram *healthogenic*. Mesmo assim, alguma coisa continuava faltando.

Atualmente, apoiado em vários estudos recentes, estou convencido de que, em muitos casos, o algo que faltava era a “ilusão”. A ilusão, ou seja, algo que praticamente não existe, pode ser um remédio tremendamente possante. Tendo dito que a ilusão é importante, eu gostaria de fazer uma pequena pausa e falar sobre um outro remédio chamado “controle”. Mais tade voltaremos à “ilusão”.

Diminua o volume!

Deitado numa cama de hospital, travando uma batalha aparentemente perdida contra o câncer, Alex queria controlar o máximo possível de sua vida. Mesmo quando se tratava apenas da marca da geléia que comia como sobremesa, ele queria manter o controle. Muitos estudos interessantes já examinaram o conceito de controle. Apesar de alguns pesquisadores terem chegado a conclusões diferentes, acredito que o controle seja tão importante para a nossa saúde quanto a qualidade dos alimentos. Por exemplo, quando se aplica choques elétricos em animais de laboratório, acaba-se danificando seu sistema imunológico.[1] Mas, quando se dá aos ratos um certo controle sobre os choques, permitindo por exemplo que eles apertem uma alavanca para evitar uma parte de carga elétrica, seu sistema imunológico não sofre tanto. Os animais continuam recebendo choques, mas eles têm um certo controle. O simples fato de terem um pouco de controle melhora seu estado de saúde.

Num estudo fascinante,[2] pesquisadores da Universidade de Wisconsin dividiram macacos em três grupos. O primeiro foi forçado a ouvir um barulho terrível e prejudicial, mas recebeu uma dose de controle. Uma alavanca estava à sua disposição em determinados momentos específicos. Apertando a alavanca, os macacos podiam desligar o horrível barulho.

O segundo grupo ouvia o mesmo barulho, durante períodos de igual duração, mas sem permissão para desligá-lo.

O terceiro grupo, finalmente, não tinha de ouvir barulho de espécie alguma.

O barulho de alta intensidade é estressante, principalmente o tipo de barulho que os pobres macacos foram obrigados a suportar: eram sons de máquinas elétricas, maquinário pesado, britadeiras, etc. Treze minutos de barulho, dois minutos de silêncio. Os macacos eram submetidos a quatro ciclos completos, com duração total de uma hora.

---

1. O choque elétrico pode provocar a queda do índice de proliferação dos linfócitos. Os linfócitos são importantes membros do "exército" do sistema imunológico. Sua capacidade de proliferar em resposta a um desafio é uma das principais medidas da força do sistema imunológico.

2. Janson, JD *et al.*: *The Effects of Control over High Intensity Noise on Plasma Cortisol Levels in Rhesus Monkeys*. Behav. Bio. 16, 333-340 (1976), Abstract No. 5217.

Como era de se esperar, a pavorosa experiência abalou os macacos. Níveis elevados de cortisol, um índice de *stress*, foram encontrados no sangue dos macacos que não tinham controle sobre o barulho, aqueles que não tinham outra opção a não ser suportar o barulho e esperar que ele terminasse. Além disso, os macacos que não tinham controle passaram a se inter-relacionar muito menos, depois de terem sido submetidos ao barulho. O barulho prejudicou os macacos que não tinham controle tanto fisicamente (níveis elevados de cortisol) quanto do ponto de vista comportamental (menos contato social).

Mas para os macacos que dispunham de controle sobre o barulho, ou seja, aqueles que podiam acionar a alavanca para desligá-lo, os níveis de cortisol (de *stress*) *não* aumentaram de modo significativo, e o comportamento social *não foi perturbado* (em comparação com os períodos de calma). O fato de terem algum controle — mesmo sendo pouco — foi tão eficiente quanto um medicamento.

Percepção é realidade

Ter controle é importante. O mesmo pode-se dizer a respeito de se *achar* que tem controle. Muitos grandes pensadores disseram coisas do tipo: "Se você acha que pode, você está certo. E se acha que não pode, também está certo." Eles sabiam que nossas convicções influenciam nossas performances. Os que acreditam que têm controle sobre a situação, ou que poderão conseguir esse controle, geralmente apresentam um desempenho muito melhor do que aqueles convencidos de que os acontecimentos estão além das suas possibilidades de controle. O pensamento positivo conduz à ação positiva.

Entre meus companheiros de infância, os que conseguiram sucesso foram principalmente aqueles que julgavam que isso seria possível. Não eram os mais inteligentes dentre os meus colegas da escola de medicina que conseguiam as melhores notas e sim aqueles que acreditavam que poderiam conseguir isso. O talento físico é importante, mas entre todos os jogadores da Little League que foram treinados por mim e pelos meus filhos, os que acreditavam que eram uma reencarnação de Babe Ruth geralmente apresentavam os melhores desempenhos.

Pesquisadores estudaram as relações do controle e da convicção em crianças. Mesmo quando estão fracassando, crianças que acreditam ter controle sobre a situação e que acreditam em si mesmas têm *performances* melhores do que outras crianças que se consideram um fracasso. Num estudo muito interessante,[3] as crianças foram divididas em dois grupos, tomando-se por base características de suas personalidades. Formaram-se assim o grupo "positivo" e o " negativo". Todas as crianças tiveram de responder perguntas baseadas em formas desenhadas sobre cartões. O teste foi elaborado de tal forma que, após um certo sucesso inicial, as crianças começassem a errar.

Na primeira parte do teste, ou seja, na parte em que todas as crianças podiam ter sucesso, tanto as "positivas" quanto as "negativas" se deram bem. Isto sugere que ambos os grupos, o "positivo" e o "negativo", eram igualmente inteligentes. No entanto, quando chegaram à parte preparada do teste, e começaram a falhar, as diferenças de atitudes e *performances* foram impressionantes.

Quando as coisas se tornaram mais difíceis, as crianças "positivas" acharam que estavam fracassando por não estarem se esforçando o suficiente. Elas acreditavam, e disseram isto, que a única coisa que precisariam fazer era aumentar o esforço, a concentração, e tudo daria certo. Elas diziam: "Eu adoro um desafio", "Já estou quase chegando lá". Tentaram novas estratégias, novos enfoques e abordagens do problema. Uma boa parte das crianças "positivas" continuou prevendo o sucesso iminente, apesar de estarem fracassando. Elas achavam que tinham o controle da situação, ou que poderiam conseguir esse controle com um pouco de esforço.

Por outro lado, as crianças "negativas" freqüentemente desistiam. Elas diziam que não conseguiriam acertar por terem péssima memória; diziam que estavam confusas. Tendiam a continuar com as mesmas estratégias que não estavam funcionando, e suas *performances* pioravam consideravelmente. Elas insistiam no fracasso, e queriam se afastar

---

3. Diener, CI e Dweck, CS.: *An Analysis of Learned Helplessness: Continuous Changes in Performance, Strategy, and Achievement Cognitions Following Failure.* J. Personality and Social Psy. 1978, 36, 451-462.

do problema. As crianças "positivas", no entanto, se concentravam no sucesso já obtido, e também no sucesso que, acreditavam elas, iriam registrar logo mais. Elas enfatizavam os aspectos positivos, se esforçavam mais, experimentavam novos caminhos.

As crianças dos dois grupos eram igualmente talentosas. A diferença estava na percepção. As que se sentiam no controle da situação, ou acreditavam que logo teriam o controle, tiveram *performances* melhores que as outras. Eu vi algo muito parecido acontecendo há alguns anos, quando Barry, meu filho e co-autor deste livro, era bem jovem. Ele não era um bom rebatedor quando jogava beisebol. Lembro-me de ter ido assistir à primeira partida dele na "Pee-Wee League", no Sunnyslope Park, em Monterey Hills. Ele fez quatro tentativas, bateu para fora a única bola que havia acertado, e chorou. Felizmente, a temporada foi curta. Infelizmente, ele continuava tentando quando jogava com os garotos da vizinhança, alguns dos quais costumavam rir dele. Mas Barry era um menino "positivo". Acreditava que, apesar de estar tendo um péssimo desempenho, ele tinha o controle da situação. Treinou durante todo o inverno, rebatendo pedras com um bastão no fundo do quintal. Quando chegou a primavera e os garotos da vizinhança formaram suas equipes para a primeira partida, Barry foi o último a ser escolhido.

Essa foi a última vez que ele foi o último na escolha, porque, conforme se constatou, ninguém conseguia enfrentá-lo. Ele rebatia tudo o que os arremessadores lançavam em sua direção, e conseguia mandar a bola para os "lugares onde eles não estavam", cuidadosamente direcionando os arremessos para os locais menos esperados. Ele terminou a temporada da Little League como o Jogador Mais Valioso da sua equipe, e como membro da equipe All-Star. A diferença estava num inverno totalmente dedicado aos treinos, mas ele treinou somente porque acreditava que tinha o controle da situação, ou que poderia consegui-lo.

Um estudo realizado ao longo de trinta e cinco anos, com estudantes que se formaram em Harvard a partir de 1940, examinou essa mesma questão. Os estudantes foram agrupados segundo a maneira como explicavam as coisas ruins que aconteciam na vida profissional e pessoal, como membros das forças armadas tendo que combater na guerra, e assim por diante. Alguns explicaram seus problemas — e todos nós temos problemas — referindo-se à suas qualidades negativas, ou seja, eles *se culpavam* pelas coisas acontecidas. Os que encaravam suas dificuldades deste modo tornavam-se menos saudáveis, anos mais tarde, do que os que não se culpavam. Jovens adultos pessimistas correm um risco maior de se tornarem homens doentios, quando chegam à meia-idade, do que jovens adultos otimistas.[4]

Quem realmente está no controle da situação (e isto tem alguma importância)?

A idéia de que ter controle sobre a sua vida possa torná-lo mais saudável e ajudá-lo a ter mais sucesso faz sentido. Mas será que realmente estamos no controle todas as vezes que achamos que estamos? E será que isto tem alguma importância?

As crianças "positivas" que conserguiram *performances* melhores do que seus amigos "negativos" não tinham realmente o controle. O teste, afinal de contas, tinha sido elaborado de tal modo que todos acertassem no início e errassem mais tarde. Os pesquisadores é que estavam comandando o espetáculo.

E os macacos, aqueles que paravam o barulho apertando uma alavanca? Na verdade, não tinham controle de espécie alguma. Eles apenas achavam que tinham controle. A tal alavanca móvel, que eles acionavam para desligar o barulho, somente era introduzida na gaiola quando o barulho já estava quase prestes a terminar. (Havia quatro ciclos de treze minutos de barulho, cada um seguido por dois minutos de silêncio. A alavanca somente era apresentada quando o período de treze minutos estava quase se esgotando.) Os macacos eram bem treinados, e apertavam a alacanca assim que a viam. *Mas o barulho iria cessar em seguida, independentemente deles apertarem a tal alavanca ou não*. Eles somente tinham a ilusão do controle. E o fato de acreditarem nisso representou uma diferença física e emocional para melhor.

---

4. Peterson. C. *et al.*: *Pessimistic Explanatory Style is a Risk Factor for Physicall Illness: A 35 Year Longitudinal Study*. Journal of Personality & Social Psychology, 55: 23-27, 1988.

Uma observação adicional sobre o controle

Na experiência com os macacos, os pesquisadores foram mais além, retirando o controle dos animais que tinham aprendido a apertar a alavanca. Os bichos ouviam o mesmo barulho durante o mesmo período de tempo. A alavanca passou a ser introduzida na gaiola em intervalos intermitentes, mas quando os macacos a apertavam, nada acontecia. A perda do controle fez o grupo sofrer consideravelmente. Os níveis de cortisol (*stress*), durante os períodos de barulho, aumentaram assustadoramente, em comparação com os períodos de calmaria. Alguns macacos também se tornaram bastante agressivos.

Nunca sofrer nenhum tipo de incômodo é a situação ideal, não importando se somos macacos ou seres humanos. Mas se o incômodo for inevitável, é melhor ter algum tipo de controle sobre o problema, mesmo que o controle esteja principalmente na nossa imaginação. O pior de tudo é perder o controle que havíamos tido anteriormente.

A realidade da ilusão

Numa parte anterior deste capítulo, eu disse que a ilusão pode ser um remédio muito poderoso. Os macacos tinham a ilusão do controle. O mesmo é válido para as crianças "positivas". Os macacos receberam essa ilusão dos cientistas. As crianças formaram a ilusão por conta própria. Aparentemente, caminhavam pela vida fazendo de conta, iludindo a si mesmas. Sua pretensão era positiva. Isto as ajudava a ter sucesso, de forma que, num certo sentido, não era uma impostura. Era algo muito real.

Costumamos dizer que as pessoas que acreditam em ilusões são malucas. Afinal de contas, todos deveríamos sempre ser absolutamente realistas e racionais, certo? Qual dos grupos era mais realista: o das crianças "positivas" ou o das "negativas"? Elas fizeram exatamente o mesmo teste, na mesma ocasião e no mesmo lugar. A diferença estava apenas na percepção. Ilusão é percepção. Agora, quando falo de ilusões, não estou me referindo a ver elefantes cor-de-rosa dançando no painel do automóvel, a acreditar que você seja Napoleão, ou a saltar do topo de um edifício por achar que é capaz de voar. Nada disto. Eu estou me referindo ao tipo de ilusão que nasce da sua percepção positiva, o tipo de ilusão que impele você rumo a uma ação positiva.

Quando os médicos disseram ao meu avô que ele tinha somente alguns meses de vida, sua resposta foi desafiadora: "E o que sabem os médicos afinal?" Continuou trabalhando até o fim de sua vida, que demorou bem mais a chegar do que tinha sido previsto pelos médicos. Ele tinha uma ilusão. Os "atos" frios, duros e precisos da ciência médica diziam que ele estava fadado a morrer dentro em breve. A morte iminente era a "realidade". Ele via as coisas através de um prisma diferente. Sua ilusão se transformou na sua realidade. Ele disse que sobreviveria aos seus médicos, e foi exatamente isso o que fez.

Mr. Halberstram, o paciente que escandalizou o hospital fazendo flexões logo depois de sofrer um ataque cardíaco, estava desafiando a "realidade". A realidade dizia que ele deveria estar na cama. Mas ele tinha uma ilusão, uma ilusão de saúde. Sua ilusão se tornou a sua realidade.

Certa vez, fui procurado no consultório por um paciente frenético, que queria aquelas "injeções mágicas para perder peso", de que tinha ouvido falar. Eu lhe respondi que não dispunha de nenhuma injeção mágica, mas ele insistia em dizer que eu as tinha. Ele disse que eu dera essas injeções a um amigo seu, que conseguira perder mais de vinte quilos. Discutimos durante algum tempo até que concordei em lhe dar as tais "injeções mágicas para perder peso". Também recomendei uma dieta e lhe disse para voltar semanalmente ao consultório durante um determinado período de tempo. Depois, recomendei à enfermeira que lhe injetasse uma solução salina (água salgada) cada vez que viesse. Ela também deveria pesá-lo e, pouco importando quanto a balança registrasse, deveria lhe dizer que o médico estava muito desapontado com os resultados. Tudo era uma ilusão, as tais "injeções mágicas de perda de peso" simplesmente não existiam. E sabe o que aconteceu? O homem perdeu muitos quilos, depressa, e conseguiu manter seu peso baixo. Sua ilusão se tornou a sua realidade.

A ilusão é percepção. Meu avô acreditava que ficaria bom. As crianças "positivas" acreditavam que acabariam tendo sucesso. Como tanta coisa do que nos acontece na vida depende da nossa percepção, a ilusão pode se tornar a nossa realidade.

Que ilusões devemos ter? Existem muitas delas. Até mesmo diante de evidências ao contrário, você deveria acreditar que:

- *Você é capaz de fazer isto ou aquilo.*
- *Você tem o controle sobre a sua vida.*
- *Sua vida tem um grande significado.*
- *Sua vida é passível de ser administrada.*
- *A vida é maravilhosa.*
- *Basicamente, todas as pessoas são boas.*
- *Se as coisas estão ruins agora, isto significa que irão melhorar.*
- *Você PODE representar uma grande diferença.*

Tudo isto são ilusões? Talvez sejam, no momento, para você. Mas lembre-se: *As ilusões têm a propriedade de poderem se transformar em realidade.*

SOC

Suponho que possa parecer que ficamos vagando neste capítulo, mencionando um paciente que fazia flexões, outro que queria controlar sua vida, macacos mexendo em alavancas e crianças submetidas a testes. Ilusões e realidade. Qual é a conexão entre tudo isto?

A idéia que estamos querendo transmitir no nosso estilo peculiar é a seguinte: *Acreditar que você tem controle sobre a sua vida é um remédio poderoso — mesmo quando você não tem esse controle. A sensação de controle pode ajudar a transformar você numa pessoa mais saudável, mais feliz e de mais sucesso, sob todos os sentidos.*

Meu avô sempre achava que tinha o controle de sua vida. E tinha mesmo? De um ponto de vista objetivo, não realmente, não muito. Ocupando um degrau bastante baixo na escala social, ele podia facilmente ser obrigado a descer mais alguns. Sua vida inteira de trabalhos árduos foi algo absolutamente necessário. Ele não exercia nenhuma influência sobre o governo ou a política. É verdade que ele era muito conhecido e respeitado na nossa comunidade, mas esta era um círculo pequeno. Mesmo assim, meu avô se considerava dono do seu destino. Como se explica isto?

As coisas faziam sentido para o meu avô. Ele sabia quem era. Compreendia a vida, tal como ele a interpretava. Sentia que tinha um papel, pequeno mas importante, para desempenhar. Acreditava que podia realizar os deveres que lhe tinham sido entregues, e que seria recompensado por tudo depois da morte. Essas qualidades foram reunidas, destiladas e descritas de forma ligeiramente diferente, mas muito envolvente, por A. Antonovsky, em seu livro mais recente, *Unraveling the Mystery of Health.*[5] Antonovsky argumenta que pessoas com um forte *SOC (Sence of Coherence)*, ou Senso de Coerência, têm mais probabilidade do que outras de permanecerem emocionalmente e fisicamente saudáveis:

> *"Este Senso de Coerência é uma orientação global que expressa até que ponto uma pessoa tem uma sensação dinâmica, duradoura e disseminada de confiança em que:*
>
> *1. os conflitos decorrentes dos próprios ambientes externos e internos, no decorrer da vida, são todos estruturados, explicáveis e previsíveis;*
>
> *2. os recursos estão disponíveis para enfrentar as demandas propostas por estes estímulos;*
>
> *3. essas demandas são consideradas como sendo desafios, que merecem investimento e participação."*[6]

Em outras palavras, desde que você acredite que a vida é *compreensível, administrável e significativa*, você tem um Senso de Coerência. A vida faz sentido para você. Você acredita que é capaz de fazer o que for necessário, que pode desempenhar o seu papel, que pode superar quase todos, se não todos, os obstáculos. Em resumo, você sente que existe um propósito em sua vida, que no final de tudo você terá representado uma diferença. Eu gostaria de acrescentar que o Senso

---

5. Antonovsky, A. *Unraveling The Mystery of Health*. San Francisco: Jossey-Bass, 1987.

6. Antonovsky, A. O Conceito de "Senso de Coesão", em *Unraveling The Mystery of Health: How People Manage Stress and Stay Well*. San Francisco: Jossey-Bass, 1987. (p. 191).

de Coerência se origina inteiramente da sua percepção e do seu sentimento. Ninguém pode dizer que, "objetivamente" falando, você tem ou não tem um Senso de Coerência. Isto é algo que depende unicamente de você mesmo.

Meu avô tinha um excelente Senso de Coerência. Alex, o paciente "ruim", estava se aproximando do seu Senso de Coerência. As crianças "positivas" que se submeteram ao teste manipulado tinham um Senso de Coerência, ausente nas crianças "negativas".

Uma vida compreensível, administrável e significativa: esta é a receita do SOC.

1. Compreensível: explicável, inteligível. Meu avô e outros como ele sofreram períodos de guerra, fome, morte, desastres financeiros e outros reveses, mas achavam que existia uma razão capaz de explicar tudo. Na visão do meu avô, tudo o que acontecera tinha sido uma oportunidade que lhe fora dada por Deus para aprender algo, para crescer ou para vivenciar tanto os aspectos amargos quanto os doces da vida. Ele considerava a morte de pessoas amadas como sendo uma forma de Deus para nos lembrar que o amor, a família e os amigos são sempre muito mais importantes do que casas, jóias e dinheiro.

2. Administrável: isto se origina do sentimento de que você tem, ou pode desenvolver, as habilidades ou o poder para lidar com quase tudo o que aparece pelo seu caminho. Você acredita que é uma pessoa capaz e confiável. Você se orienta em função de uma meta ou de várias delas. Você é capaz de trabalhar de modo independente, e sente que pode suportar a pressão. Com otimismo, você organiza e trabalha para resolver problemas, não ficando apenas ruminando interminavelmente sobre eles. Você tem a confiança de que nunca naufragará, por mais tempestuosos que os mares possam ser. Eu sei que o meu avô sempre acreditou que, como Deus era seu aliado, ele jamais poderia ser derrotado.

Quando você acredita que a vida é administrável, você sabe que todos ganhamos algumas partidas e perdemos outras. Você compreende que coisas ruins às vezes acontecem a pessoas boas, mas não fica preso aos aspectos negativos. Você sabe que as respostas chegam com facilidade muito maior aos que concentram sua atenção nas coisas positivas, nas possibilidades. Você precisa ter todos os recursos necessários para administrar a vida enfileirados na sua frente antes de concluir que a vida é administrável? Não, a percepção é suficiente. Você irá adquirir as habilidades e as ferramentas necessárias para administrar a vida à medida que for avançando. Mas você poderá não começar jamais coisa alguma se ficar esperando que tudo lhe seja garantido antes de arriscar o primeiro passo.

3. Significativa: Qual é o significado da vida e dos acontecimentos para você? Tudo é extremamente enfadonho, ou existe um senso de realização no seu trabalho e/ou nos seus passatempos prediletos, um sentimento de felicidade por estar na companhia dos seus filhos, um momento de simpatia quando permite que outros usem o seu ombro para chorar um pouco? Sentir que a vida vale a pena ser vivida, que a vida está repleta de oportunidades para doar e compartilhar felicidade, ajuda a construir o Senso de Coerência.

Ter uma vida compreensível, administrável e significativa = Senso de Coerência = melhor saúde emocional e física, além de um bom avanço em direção ao sucesso. E sabe de uma coisa? Tudo isso pode ser uma ilusão. Ninguém pode nos dizer se a nossa vida é compreensível, administrável e significativa. Tudo é uma questão de percepção. Tudo é uma questão de como enxergamos as coisas. Nós controlamos a nossa percepção, de modo que estamos no controle, nós é que determinamos se temos ou não um Senso de Coerência. *Sinta* que a vida vale a pena, e ela passará a valer a pena.

A vida é compreensível, administrável e significativa para mim. Quando eu ainda era um estudante pobre, que nunca sabia como iria arranjar o dinheiro para pagar o aluguel e alimentar minha família, a vida era compreensível, administrável e significativa. Mais tarde, quando más decisões de negócios e um grande incêndio praticamente acabaram comigo, a vida continuava compreensível, administrável e significativa. Era uma ilusão? “Realisticamente” falando, eu deveria ter chegado à conclusão de que a vida era incompreensível, não administrável e absolutamente sem significado: meus filhos estavam ajudando no pagamento do aluguel; meu consultório, que não tinha seguro, fora destruído nas chamas provocadas por um criminoso; e eu estava participando de outra batalha para convencer meus colegas médicos a reconhecerem a importância do *stress*. Será que o meu Senso de Coerência era uma ilusão? De maneira nenhuma! Eu acreditava nele e, conseqüentemente, ele existia e pronto. A minha interpretação era a única "realidade" que importava.

Tampouco importa se podemos "provar" que alguém, na verdade, não dispõe dos recursos necessários para tornar a vida administrável. Basta lembrar o caso das crianças "positivas" submetidas àquele teste manipulado. Objetivamente falando, a vida não era administrável para elas naquele momento. Mas elas achavam que sim, e a sua ilusão era a única "realidade" que importava.

A casa de bonecas de Gail

Encontrar sentido na vida pode ser uma tarefa difícil. Pense como isso pode ser difícil para alguém que não nasceu com todas as bênçãos que consideramos óbvias. Durante algum tempo, convivi com uma mulher deficiente chamada Gail. Embora tenha a desvantagem de uma mente que não funciona como deveria, ela possui um forte Senso de Coerência. Gail adora seus sucessos, e sempre mantém os fracassos na devida perspectiva. Isto não é tão fácil quanto parece, pois seus sucessos são poucos e não freqüentes, e os fracassos são muitos. No entanto, se pudéssemos ler o livro das suas lembranças, certamente descobriríamos os sucessos escritos em letras maiúsculas, assinalados em vermelho, ao passo que os fracassos estariam em letra bem miúda, espalhados pelas margens do texto.

Gail enfrenta cada nova tarefa com energia e entusiasmo, apesar de saber que o progresso sempre será muito lento. Nada é fácil para ela, a não ser o seu lindo sorriso. Seus pais, com a mente repleta dos grandes sonhos que todos os pais sempre têm para os filhos, encontram dificuldade para aceitar que sua primogênita é, digamos, "lenta". Embora fossem excelentes pessoas, acharam mais fácil dedicar-se aos outros filhos, todos muito inteligentes, e entregar Gail aos cuidados de uma "escola especial". Mas Gail não se mostrou disposta a ficar a vida inteira nas coxias, sendo apenas tolerada, e sempre tratada como uma criança. Ela me contou que durante anos se sentiu muito triste, como um "amontoado de sobras". Ela queria possuir sua própria loja de bonecas, mas sabia que este era um sonho impossível. Então, certo dia — contou ela — soube de repente os motivos pelos quais nascera deficiente, e também soube o que precisava ser feito. "Minha função é a de provar que todos podem conseguir o sucesso, tendo sucesso eu mesma. Eu existo para inspirar outros a tentarem também."

Os professores na escola eram todos muito simpáticos, mas "sabiam" que ela era "lenta", e que não deveria esperar muita coisa da vida. Eles se mostravam muito interessados em ensinar algumas habilidades básicas a Gail e às outras crianças. Quando ela lhes disse que queria ser dona de sua própria loja, e que queria aprender a administrá-la, eles sorriram e responderam: "Sim, sim, minha querida, isto é muito bom", e tentaram direcioná-la para trabalhos subalternos. Eles nunca lhe disseram: "Não, é totalmente impossível que você venha a ter uma loja", mas também não lhe disseram um "sim" entusiasmado. De muitos modos sutis, eles constantemente a desencorajaram.

No entanto, Gail recusou-se a ser desencorajada. Ela sabia o que deveria fazer, e estava firmemente determinada a fazê-lo. Aos quinze anos, por iniciativa própria, conseguiu um emprego de meio período numa pequena loja de bugigangas do seu bairro, onde tirava a poeira das prateleiras, empurrava mercadorias de um lado para o outro e fazia pequenos serviços de rua. O tempo todo ela fazia perguntas ao proprietário: "Como é que o senhor sabe que mercadorias deve encomendar? Como é que o senhor determina os preços? Como é que o senhor monta as vitrinas? Como é feita a contabilidade?" O proprietário, um senhor idoso e muito paciente, respondia a todas as perguntas dela, explicando-lhe todos os procedimentos necessários. Quando ele morreu e a loja foi fechada, Gail sofreu muitas recusas antes de encontrar outro emprego subalterno numa loja. Esse trabalho não deu certo, de modo que ela se transferiu para outro, sempre determinada a aprender tudo o que fosse necessário para administrar uma loja. Finalmente, encontrou outro emprego numa pequena loja de roupas que pertencia a uma senhora muito simpática, chamada Mona, que, com muita paciência, ensinou a Gail tudo a respeito de mercadorias, encomendas, vitrinas, preços, contabilidade, e assim por diante. Ao contrário dos professores na escola, Mona não tinha feito nenhum curso de especialização para o ensino de pessoas como Gail. A única coisa que ela sabia era ser bondosa e ter paciência.

Um dia, quando Gail chegou ao trabalho, Mona prendeu um crachá na sua blusa com os seguintes dizeres: "Assistente da gerência."

"Fiquei tão orgulhosa que chorei", disse Gail. "Foi nesse momento que tive a certeza de que acabaria sendo proprietária da minha própria loja de bonecas."

Como Gail iria fazer para conseguir a sua loja? Ela tinha economizado todo o seu dinheiro, mas ele estava longe de ser suficiente. Seus pais não dispunham do capital necessário para lhe comprar uma loja. Mas Gail disse que jamais duvidara de que, mais cedo ou mais tarde, teria a loja. "Conseguir o dinheiro foi apenas mais um problema para resolver", explicou. "Eu já tinha aprendido o que fazer para resolver outros problemas, de maneira que poderia resolver este também."

Ela se matriculou num curso local de contabilidade e *marketing*. Era obrigada a ler cada livro pelo menos três vezes; gravava as aulas e as ouvia constantemente, mas nada a impediu de continuar. Gail contou o seu sonho a todas as pessoas que conhecia: amigos, parentes, clientes, fornecedores, professores, colegas de escola, todo mundo.

Muito tempo se passou sem qualquer progresso em direção à sua loja. Depois, uma das clientes da loja onde Gail trabalhava lhe disse que contribuiria com quinhentos dólares para abrir a sua loja de bonecas, *desde* que não fosse ela a única investidora. Completamente entusiasmada, Gail conseguiu encontrar outro interessado. Em seguida, Mona, a sua chefe, lhe ofereceu um espaço dentro de sua própria loja de roupas. Com o dinheiro dos investidores, suas próprias economias e três prateleiras de bonecas num espaço emprestado, nasceu a "Gail's Doll House".

Gail disse que no dia em que iniciou suas atividades, tudo começou a fazer sentido para ela. Sua vida passou a ser compreensível, administrável e significativa. Ela sabia que seu trabalho consistia em inspirar outros a ir em frente, mostrando-lhes seu próprio exemplo, e sabia que, de uma maneira ou de outra, seria capaz de fazê-lo.

Com o tempo, a "Gail's Doll House" cresceu a ponto de ter de se estabelecer em outro lugar. "Deixei de ser um amontoado de sobras", diz ela. "Sou proprietária de uma loja. Eu consegui. E todos podem conseguir também."

Eu realmente não sei se todos podem conseguir isto. Pode ser necessário possuir os talentos especiais de Gail.

RECEITA: PERCEPÇÃO POSITIVA

Gail me contou certa vez que guardava uma caixa de sapatos cheia de pequenas pedras coloridas e polidas, numa gaveta em seu apartamento. Todas as manhãs, ela colocava a caixa sobre uma mesa, abria a tampa e pegava dois grandes punhados dessas pedras de cores brilhantes. Ela segurava as pedras firmemente, olhando para o que chamava de seus punhados de potencial.

"Cada pedra representa uma coisa que sou capaz de fazer", disse-me ela. "Cada pedra também é alguma coisa que consegui acertar, e é alguma coisa a mais que conseguirei acertar dentro em breve."

Trata-se de uma idéia impressionante; ela realmente segura o seu potencial, vendo-o simultaneamente como as boas coisas que já fez e as grandes coisas que ainda irá fazer. Depois, para simbolizar o controle sobre sua própria vida, ela coloca várias das pequenas pedras sobre a mesa, uma de cada vez, formando um círculo. A disposição de cada pedra no seu devido lugar enfatiza o que ela chama de padrões da sua vida. O círculo foi escolhido como seu padrão, explicou-me ela, por não ter começo ou fim. Ela acredita que seu sucesso, como o círculo, irá continuar para sempre.

Será que as pessoas "fracassadas", ou as que pensam "negativamente", convencidas de que nunca terão sucesso, podem aprender a pensar de modo diferente? Será que elas podem assumir o controle de suas vidas? A resposta é positiva. Eu mesmo já vi isto acontecer muitas vezes. Se Gail conseguiu fazê-lo, nós também podemos. E lembre-se do "trabalho" de Gail na vida: mostrar que todos podemos chegar lá.

Vamos simbolizar nosso controle tal como Gail o faz. Vá comprar uma caixa de pedras pequenas e polidas. Você pode encontrá-las facilmente em lojas de artesanato. Ou então vá apanhar pedras no leito de um rio ou numa praia. Você também pode usar pedras do jogo de damas ou de xadrez, palitos de fósforo ou qualquer outra coisa.

Comece o dia pegando dois punhados de pedras. Examine-as: estas representam os sucessos de ontem, estas outras o potencial de amanhã. Agora, lentamente, coloque as pedras num pequeno círculo sobre uma mesa, uma de cada vez, enquanto diz:

A vida é formada por muitos degraus,
Alguns grandes, outros pequenos.
Cada degrau me conduz para o próximo.
Posso não saber quantas curvas tenho pela frente,
Mas sei que sempre existe um caminho.

Tornar as ilusões reais

O pai de Susan abandonou a mulher e a filha quando a menina ainda era bastante pequena. Susan tinha cinco anos de idade quando sua mãe sofreu um colapso nervoso e, incapaz de continuar cuidando da filha, resolveu entregá-la às autoridades. Teve então início a longa odisséia de Susan, peregrinando de casa em casa. Tendo morado com quinze diferentes famílias em doze anos, Susan acabou se sentindo como um pedaço de madeira à deriva no mar, oscilando ao sabor das ondas, nunca sabendo para onde iria, nunca sentindo um chão firme debaixo dos pés, nunca sabendo se iria conseguir se manter acima do nível da água ou não. Pouco antes do seu décimo sétimo aniversário, Susan foi mandada para a casa de uma nova família. Provavelmente, seria a última, pois depois dos dezoito anos, ela seria responsável por si mesma. Quando a assistente social levou Susan para sua nova casa, ela chamou os novos pais adotivos de lado e lhes disse: "Não esperem muito dela."

Apesar de ser uma garota agradável, Susan era péssima aluna e, como muitas adolescentes da época, já tivera algumas experiências com drogas. A assistente social disse: "Não esperem muito dela."

Durante o jantar, os novos pais adotivos lhe perguntaram o que ela gostaria de ser. Susan respondeu: "Eu adoraria ser médica, mas não sou suficientemente inteligente."

" O que você quer dizer com 'não sou suficientemente inteligente'?", perguntou seu novo pai.

"Exatamente isto. Minha inteligência não é suficiente. Nunca consegui tirar mais do que um 'C' em ciências, e quase fui reprovada em cálculo. Eu não sou suficientemente inteligente. Perguntem à assistente social; com certeza ela vai dizer a mesma coisa."

"Pois eu acho que você é suficientemente inteligente", afirmou sua nova mãe. "A vida é que não foi muito boa com você. Chegou a hora de agarrar o touro pelos chifres e dizer à vida o que você quer dela."

"Mas há muito o que fazer", protestou Susan.

"Pois divida as tarefas em partes menores", aconselhou a mãe. "Melhore suas notas, estudando todas as noites e também aos sábados; freqüente cursos especiais no verão. Prepare-se para os exames da universidade com outros cursos. Pesquise as diversas faculdades e escolha aquela que quer freqüentar. É melhor escolher duas, para a eventualidade de uma não dar certo. Vamos encontrar um médico que deixe você freqüentar seu consultório e aprender alguma coisa. E, mais importante do que tudo, estabeleça suas metas. Determine a escola de medicina que quer cursar. E durante os próximos cinco anos, tudo será direcionado para que você consiga ir para lá."

Isto parecia uma tarefa gigantesca para uma garota acostumada a ser expulsa de casa de um dia para o outro, mas Susan assumiu o controle. Dividiu sua vida em tarefas administráveis e determinou sua meta. Ela sabia que qualquer coisa positiva que fizesse a aproximaria cada vez mais dessa meta.

Cinco anos é um período muito longo para uma pessoa jovem como Susan. Depois de muitos anos de intensas frustrações, cinco anos de estudos podem ser difíceis e intermináveis, principalmente quando não se pode contar com o apoio de uma família de verdade. Felizmente, seus últimos pais adotivos ficaram ao seu lado, deram-lhe um lugar que ela realmente pudesse considerar como sendo seu lar, um lugar para passar as férias, além de ajudas financeiras eventuais. E continuaram aconselhando Susan a "agarrar o touro pelos chifres". Determine suas metas, diziam-lhe eles. Divida o impossível em tarefas menores e administráveis. E, principalmente, acredite em si mesma.

Atualmente, Susan é médica, especialista em cirurgias cardíacas, professora e chefe de departamento num grande hospital. A garota que costumava ser apresentada com a frase "não espere muito dela" conseguiu refazer sua realidade assumindo o controle.

Determine suas metas. Divida as coisas impossíveis em partes administráveis. Transforme seus sonhos em realidade assumindo o controle.

CAPÍTULO SETE

PERSISTÊNCIA

"Os grandes nada mais são do que pequenos que continuaram tentando."

— Christopher Morley

Nos anos setenta, ocasionalmente eu corria com um homem de uns cinqüenta anos de idade, chamado Lewis, na pista do sétimo andar do Los Angeles Athletic Club. Alto e bonito, um atleta natural, filho de um professor universitário e de uma ex-modelo, Lewis costumava referir-se a si mesmo como "o pior fracasso que já viveu neste mundo".

"Eu até poderia me chamar de o melhor fracasso que já viveu neste mundo", dizia ele, "mas isto deixaria implícito que sou bom em alguma coisa, nem que essa coisa seja o fracasso. É por isso que digo que sou o pior fracasso."

Quando eu insistia no assunto, Lewis contava que também era um fracasso muito rápido. "Eu costumava insistir bastante, até que finalmente percebi que não chegaria a lugar algum", dizia ele. "Mas agora eu já desisti de tudo, porque sei quais serão os resultados."

Lewis desistira dos estudos porque suas notas eram baixas demais para permitir que ele ingressasse numa boa faculdade de direito. Chegou a flertar com a idéia de ser comediante, mas desistiu depois de ter sido vaiado algumas vezes. Seus pais lhe compraram uma pequena empresa, que ele fechou depois de ter tomado algumas más decisões empresariais e de ter problemas com os fornecedores e com a Receita Federal. Ele chegou a escrever dois romances, mas vinte e tantas cartas de rejeição das editoras o convenceram que a literatura não era o campo ideal para ele.

"A única coisa em que sou bom é em pressentir o fracasso", costumava vangloriar-se. "Tenho uma espécie de sexto sentido para coisas ruins que vão acontecer. E isso é bom, porque assim não fico gastando energia demais em coisas que acabarão fracassando, ou seja, a maioria das coisas que faço."

Lewis era um homem espirituoso. Era impossível deixar de rir da forma como ele contava suas histórias de fracasso. Mas enquanto eu ria, também chorava um pouco por dentro, pois sabia que ele estava sofrendo, apesar do riso. Era possível ouvir isto na sua voz, ou ver em seu rosto, quando, por instantes, ele deixava de sorrir.

Lewis deixou de freqüentar o clube, e eu não o vi durante alguns meses. Então, certo dia, quando fui ao hospital examinar um paciente, encontrei Lewis. Ele estava deitado no leito ao lado. Lewis contou-me que estava com câncer e que iria morrer. "Já tentei a quimioterapia", disse ele tristemente "mas fracassei. O que é típico no meu caso pessoal." E com um sorriso fraco, acrescentou: "Continuo sendo o pior fracasso que já viveu neste mundo."

Eu não sei dizer se a quimioterapia teria curado Lewis, ou talvez prolongado sua vida por vários anos. As chances eram boas, considerando-se o tipo de câncer, sua boa saúde nos demais aspectos, a idade e a forte condição física. Mas Lewis "sabia" que não adiantava tentar. Ele "sabia" que iria fracassar na luta contra o câncer. Essa sua atitude negativa serviu para fortalecer o câncer e para enfraquecer os medicamentos. Não conheço detalhes do caso, porque ele não era meu paciente. Sei que ele não ficou muito tempo no hospital, e não demorou muito para que outros freqüentadores do clube me dissessem que ele tinha morrido. Acho que, num sentido muito estranho, o pior fracasso do mundo finalmente fez algo certo.

EM BAIXA MAS NÃO FORA

"O homem que vence pode ter sido eliminado várias vezes, mas simplesmente não ouviu a contagem do árbitro."

— H. E. Jansen

Quando eu era garoto, no setor sul de Filadélfia, conhecia cada canto e cada buraco da vizinhança. Eu sabia quem morava onde, o que faziam e de onde tinham vindo. Sabia que ruela usar e que cerca pular para chegar mais depressa a algum lugar. E também sabia, porque era algo muito importante de se saber, onde estavam as fronteiras étnicas.

Naqueles tempos, os diversos grupos de imigrantes costumavam ficar juntos para maior proteção; viviam, trabalhavam, rezavam e se divertiam sempre juntos nos seus "guetos" lotados. Os irlandeses ocupavam a área do Rio Delaware até a Rua 3. Mais para o sul, ficavam os escoceses-irlandeses, muito pobres e realmente agressivos. Para o oeste, ficavam os italianos. Havia também um bairro judeu, e bolsões de imigrantes poloneses, tchecos, e assim por diante. A gente sabia quando cruzava uma fronteira; era possível perceber isto pela paisagem, pelos sons, pelos cheiros. E, quando se era um garoto ou um adolescente, sabia-se que, atravessando-se a "fronteira", chegava-se a um "território inimigo". Se você fosse percebido pelos habitante "locais", poderia acontecer uma pancadaria.

Certo dia, quando eu estava com uns oito ou nove anos de idade, três desses garotos me surraram porque eu tinha invadido o território deles. Assustado e machucado, corri para casa chorando, com os três me perseguindo pelo caminho. Eles certamente teriam invadido a minha casa para continuar a me bater se meu pai não tivesse aparecido no instante em que eu estava subindo as escadas. Os garotos pararam justamente quando eu estava tentando passar entre as pernas do meu pai. Mas ele me impediu de fazer isto. Colocou-me de pé, obrigou-me a dar meia-volta e, depois, de forma não muito gentil, me fez descer novamente os degraus com uma ordem: "Não volte para casa enquanto não tiver dado uma surra neles."

Eu tinha mais medo do meu pai do que dos garotos, de maneira que, chorando, tornei a descer os degraus. Firmemente resolvido a vencer, porque não queria ter de enfrentar meu pai, comecei a desferir socos com os punhos fechados. Por acaso, acertei o maior deles no nariz. Ele começou a chorar e fugiu correndo. Comecei a golpear os outros dois e, antes de entender direito o que estava acontecendo, eu é que os estava expulsando de volta para o território deles.

O que havia mudado? Aqueles três continuavam sendo mais fortes do que eu sozinho. Só que agora eu havia me recusado a desistir. Alguns anos mais tarde, eu deparei com outra batalha quase perdida, desta vez contra um sujeito realmente agressivo, que constantemente conseguia me derrubar. (Felizmente, naqueles tempos, tínhamos um código: nada de armas de fogo ou facas; também não se golpeava quem estivesse caído.) Ele conseguia me derrubar o tempo todo, sangrou o meu nariz, machucou-me em todos os lugares possíveis de serem machucados, mas eu continuava me levantando. Ele me derrubava e eu voltava a me erguer. Finalmente, ele perguntou: "O que é preciso fazer para que você se renda?"

"Seria preciso me matar", respondi.

E sabe o que aconteceu? Ele virou as costas e foi embora. Ele entendeu que, apesar de ser um lutador muito melhor, eu simplesmente não desistiria. Eu não ganhei aquela briga. Mas, como me recusei a desistir, eu também não a perdi. (Por favor, não pense que eu sou favorável às brigas. Não sou. Na maior parte das vezes, eu nem sabia por que estávamos brigando e, mais tarde, fiz amizade com quase todos os garotos com os quais tinha trocado socos e pontapés.)

Lewis, o "pior fracasso do mundo", era um homem talentoso e educado. Ele poderia ter sido bem-sucedido de várias formas, mas não tinha persistência, ou seja, ele não persistia o tempo suficiente nas coisas para poder obter sucesso. Ele não teve as melhores notas na escola? Muitos grandes homens e mulheres enfrentaram dificuldades na escola. Thomas Edison e Albert Einstein foram considerados maus alunos. Ele não pôde freqüentar a melhor faculdade de direito? Existem muitas outras faculdades de direito de boa qualidade. Além do mais, relativamente poucos advogados estudaram nas melhores faculdades. A maioria se formou em estabelecimentos de nível mediano.

Foi vaiado no palco? A lista dos comediantes que foram vaiados no início de suas carreiras é interminável. Dois dos meus prediletos, George Burns e os Irmãos Marx, se debateram com dificuldades e fracassos durante anos, antes de conseguirem sucesso.

Más decisões empresariais? Dois casos muito conhecidos de embaraços empresariais foram cometidos por empresas enormes, com batalhões de especialistas: a Ford teve um prejuízo enorme com seu modelo Edsel, e a Coca-Cola amargou um fracasso tremendo com sua nova "Coke". A história das más decisões empresariais, feitas por companhias grandes e pequenas, ocuparia vários volumes.

Problemas comerciais com os fornecedores e a Receita Federal? Isto faz parte do negócio. (Certa vez, Barry passou três anos tentando convencer a Receita Federal de que eu era apenas uma única pessoa, e não duas, e que, conseqüentemente, deveria pagar o imposto apenas de uma.)

Cartas de recusa das editoras? Quase todos os autores que conheço, incluindo Barry e eu, têm gavetas repletas de cartas de recusa. Rudyard Kipling, considerado um dos grandes, autor de *The Jungle Book*, recebeu uma carta de recusa que, entre outras coisas, afirmava: "O senhor simplesmente não tem a menor idéia de como utilizar o idioma inglês." Frederick Forsyth, autor de obras de enorme sucesso, foi informado por um editor que "o público jamais se interessaria" pelo seu trabalho. O livro em questão era *O dia do Chacal*, que vendeu mais de oito milhões de exemplares. Um editor disse a Richard Bach que seu livro *Fernão Capelo Gaivota* jamais faria sucesso numa edição de bolso. Eu me pergunto se esse editor sabe que esse livro vendeu mais de sete milhões de exemplares na edição popular. *Robinson Crusoe,* de Daniel Defoe, foi rejeitado por várias editoras.

E o câncer de Lewis? Bem, nunca se pode dizer ao certo, mas estou convencido de que Lewis morreu tão rapidamente por acreditar que isto aconteceria. Ele sabia que não podia enfrentar a doença. Sabia que era um fracasso, o mais rápido fracasso das redondezas.

Não estou escrevendo tudo isto porque sei muita coisa, ou porque nunca desisto do que me proponho a fazer. Às vezes eu entrego os pontos. Todos nós o fazemos. Isso faz parte da nossa natureza humana. E eu acredito que, às vezes, a atitude mais esperta é a de não fazer as coisas, pelo menos por enquanto. A verdade, como Henry David Thoreau e o General George Patton e tantos outros disseram, é que o sucesso, muitas vezes, é apenas uma questão de continuar mais um pouco.

GENUÍNA PROPRIEDADE, VERDADEIRA DETERMINAÇÃO

> *"A única grande sorte com a qual muitos homens nasceram é a habilidade e a determinação de superarem o azar."*
>
> — Channing Pollock

Uma de minhas pacientes era uma mulher de vinte e oito anos chamada Lucy, casada e mãe de duas meninas. Ela e seu marido Tom, como tantas famílias de classe média baixa, estavam muito endividados. Viviam sempre em função do dia de pagamento, fazendo esforço para pagar o aluguel, nunca conseguindo guardar uma reserva para situações de emergência. Seus cartões de crédito eram utilizados no limite, e eles tinham levantado empréstimos junto aos pais (que também não tinham muito). Mas eles tinham esperança. Lucy queria se tornar uma grande corretora de imóveis. Tinha planos de começar essa carreira comprando uma pequena casa e reformando-a com Tom, para depois vender com lucro. Então eles comprariam uma casa para alugar, encontrariam terrenos vazios para comprar e vender, e passariam a trabalhar com pequenos prédios de apartamentos; finalmente, eles possuiriam imóveis espalhados pela cidade inteira. Na verdade, Lucy apenas acabara de passar no exame de habilitação para trabalhar como corretora, e estava começando a trabalhar numa imobiliária. Mas ela e o marido passavam horas debatendo como encontrariam seu primeiro grande negócio, e como as coisas se desenvolveriam depois disso.

Sua vida pareceu desmoronar quando Tom, que trabalhava no setor de construções, caiu do telhado de uma casa. O parco seguro do qual dispunham não lhes garantia a sobrevivência. Como muitos trabalhadores feridos, Tom foi abandonado pelo seu último patrão. Ele deveria receber uma indenização maior, mas antes disso os advogados teriam de passar muito tempo discutindo o montante ao qual ele teria direito.

Lucy começara a vender imóveis em meio período pouco antes do acidente do marido, mas a economia estava em baixa e o mercado imobiliário deixava muito a desejar. Poucas casas estavam sendo vendidas, e os poucos negócios fechados eram feitos por corretores experientes, que dispunham de bons contatos, e não por novatos no ramo como Lucy. Naquele momento, ela precisava do dinheiro para garantir um lugar onde sua família pudesse morar. Ela precisava vender algumas casas. Mas onde estavam os compradores?

Lucy deixou folhetos nas portas de todas as casas da vizinhança, visitou os clubes comunitários, telefonou para proprietários de casas, fez tudo o que se poderia imaginar para encontrar clientes. Estudou detalhadamente os vários bairros e visitou todas as casas em exposição, para aprender tudo o que havia para ser aprendido. Ela acompanhava os poucos clientes que apareciam por toda a cidade, tentando fechar um negócio. As duas vendas que ela organizou não deram certo porque os compradores não conseguiram os empréstimos necessários. Os proprietários estavam desesperados querendo vender, e ela queria fechar os negócios, mas os compradores endinheirados eram muito raros.

Lucy e Tom recebiam más notícias quase diariamente. O senhorio estava ameaçando com uma ação de despejo porque eles tinham atrasado o aluguel. Seus cartões de crédito foram cancelados. Cobradores telefonavam o dia inteiro. Seus pais não tinham mais dinheiro para dar a eles. O carro de Tom teve de ser devolvido. Seus ferimentos não melhoravam, e ele sofria de constantes dores de cabeça. Desesperada para manter a casa em que moravam, Lucy passou a trabalhar à noite numa loja de bebidas alcoólicas. Durante o dia, ela peregrinava o tempo todo de um lado para o outro, tentando acertar os ponteiros de compradores e vendedores. E seis horas por noite, cinco noites por semana, ela examinava, preocupada, todas as pessoas que entravam na loja de bebidas, sem saber se elas iriam puxar uma carteira ou uma arma do bolso.

Tom tentou fazer armários para vender, na garagem da casa, mas sentia dores muito fortes quando trabalhava horas seguidas. Felizmente, as filhas eram pequenas demais para entenderem que existia a possibilidade de não terem mais onde morar. Elas perguntavam por que viam a mãe com menos freqüência, mas estavam satisfeitas com a presença paterna, apesar de Tom passar a maior parte do tempo deitado no sofá.

As más notícias continuavam, enquanto Lucy rodava pela cidade. Ela foi obrigada a pedir um auxílio-alimentação. O gerente da imobiliária ameaçou demiti-la caso não produzisse. Todos aconselhavam Lucy a desistir, decretar falência e arranjar um emprego como garçonete.

"Eu não queria desistir", disse Lucy, "porque sabia que, sendo perseverante, mais cedo ou mais tarde, eu conseguiria finalizar meu primeiro contrato de venda. E o primeiro levaria a um segundo e a um terceiro, desde que eu persistisse. O importante era persistir.

"Quando as coisas estavam realmente ruins, quando eu simplesmente ficava sentada no carro, chorando, eu pensava em como me sentiria bem ao receber minha primeira comissão. Este pensamento me fazia persistir. Eu sabia que era preciso persistir."

Ela não só persistiu, como também passou a lidar com os "não-compradores". Os não-compradores, explicou ela, são pessoas que afirmam que querem comprar uma casa, mas nunca ficam satisfeitas com nada que lhes seja oferecido. Tudo é grande ou pequeno demais, velho ou novo demais, perto ou longe demais do centro comercial. Todas as casas são caras demais ou exigem trabalho demais, têm um número excessivo ou insuficiente de quartos. O tipo de telhado desagrada. A casa recebe sol demais pela manhã, ou vice-versa. O quintal dos fundos não é suficiente para o cachorro, ou o bairro é que não presta. Se a casa tem gás de rua, eles preferem fogões elétricos. O imóvel está perto demais de uma escola ou longe demais do supermercado.

Compreensivelmente, os corretores da imobiliária onde Lucy trabalhava evitavam os não-compradores. Lucy continuou dando atenção aos seus não-compradores, e passou a cuidar também dos não-compradores dos outros corretores. Seus colegas lhe disseram que ela estava apenas desperdiçando tempo útil, mas ela acreditava que, desde que fosse perseverante, acabaria conseguindo vender uma casa a um desses não-compradores. Mas, como conseguiria persistir, perguntava-se ela, quando estava em vias de ser despejada de onde morava?

O tempo estava se esgotando. Eles estavam devendo vários meses de aluguel. Dentro de mais alguns dias, o senhorio os expulsaria de casa, e a imobiliária estava prestes a demiti-la por não ter conseguido finalizar uma venda sequer. Eles poderiam, ou não, receber uma indenização maior pelo acidente, mas não sabiam quando isso aconteceria. Mesmo assim, Lucy continuou indo todos os dias ao trabalho, mostrando casas a todos os seus clientes, até mesmo aos não-compradores. E todos os dias ela ficava sentada no carro, chorando, imaginando onde iriam morar e como poderiam sobreviver.

Alguns dias antes do prazo previsto para o despejo, ela foi trabalhar como sempre. "Eu me sentia como se estivesse com um relógio gigante de vinte quilos pendurado no pescoço, prestes a despertar, e sem ter como atrasá-lo um pouco." Naquele dia, ela estava levando um dos não-compradores para ver casas, embora ela mesma e outros corretores já lhe tivessem mostrado quarenta e dois imóveis diferentes. Lucy descreveu as oito casas que tinha em sua lista ao tal não-comprador. Cinco delas ele rejeitou imediatamente, não querendo nem sequer visitá-las, mas concordou em dar um espiada nas outras três. Quando estavam se aproximando da primeira possibilidade, ele declarou que não gostava do bairro, de modo que nem valeria a pena ver a casa. Ele também se recusou a descer do carro e olhar a segunda oferta, por achar que o telhado parecia exigir uma reforma.

"A única coisa que não me saía da cabeça era que dentro de mais alguns dias eu não teria onde morar. Tom, as meninas e eu seríamos obrigados a nos instalar no carro. Aquele relógio de vinte quilos no meu pescoço continuava ameaçando despertar", contou ela mais tarde. "Depois, quando chegamos à última casa e o cliente sorriu, eu simplesmente comecei a chorar. Eu sabia que, finalmente, tinha conseguido vender uma casa."

O não-comprador deu uma espiada rápida na casa, que era exatamente o que ele queria, uma réplica da casa onde passara sua infância. Ele pegou o talão de cheques, pagou um depósito, e fechou o negócio sem fazer nenhuma reclamação.

"Chorei quando o homem assinou o contrato", disse Lucy. "Embora ainda não tivéssemos o dinheiro, eu sabia que as coisas melhorariam. Minha filosofia estava certa: eu consegui o sucesso porque fiz questão de perseverar."

Lucy somente receberia sua comissão quando a venda fosse quitada, mas ela disse que isso não importava. Ela achava que, se havia sido capaz de vender uma casa a um não-comprador, poderia repetir a façanha com qualquer um. Transbordando de confiança, ela convenceu o senhorio a permitir que eles continuassem na casa. Seu gerente ficou tão satisfeito com a venda de uma casa a um não-comprador que deixou de ameaçá-la com a demissão, e até começou a ajudá-la, encaminhando-lhe clientes com melhores perspectivas. Foi o início de uma carreira bem-sucedida e bem remunerada que a levou a comprar sua primeira casa para ser reformada e revendida. Foi o primeiro passo na construção do seu império imobiliário.

Lucy não conseguiu vender a casa a um não-comprador por ser melhor do que os demais corretores. Ela apenas sabia que tinha de perseverar. Não: vamos formular a frase de outro modo. Ela *realmente* era melhor do que os demais corretores, porque sabia como perseverar.

O HOMEM QUE FRACASSOU NO CAMINHO RUMO AO TOPO

"Fracasso é a oportunidade de recomeçar, mas de um modo mais inteligente."

— Henry Ford

Um dos homens mais interessantes que tive oportunidade de conhecer contou-me que fracassou durante todo o caminho em direção ao topo, a maioria das vezes por acidente. John era um rapaz de classe média, que freqüentava uma escola secundária no meio-oeste. Seu grande desejo era participar de competições de salto com vara, e seu ídolo era Bob Richards, o famoso pentatleta olímpico, ganhador de duas medalhas de ouro, cuja imagem enfeitou embalagens de cereais durante anos. John não tinha um desempenho muito bom no salto com vara. Ele nunca conseguia alturas superiores a uns três metros, e geralmente caía de cabeça. Mas também nunca desistia, continuava treinando com a vara, tentando alcançar alturas maiores. John não conseguiu dominar a modalidade, mas o treinador gostou da maneira como corria, e o convenceu a participar da prova de cem jardas. John tornou-se um corredor bastante bom; não de qualidade olímpica, mas bastante acima da média. John conseguiu uma indicação e participou do campeonato municipal. Não pôde concretizar seu sonho original, mas conseguiu outra coisa igualmente boa.

Na universidade, John sonhava em ser um poderoso advogado criminalista, do tipo Clarence Darrow ou Perry Mason, bradando protestos, impressionando os jurados ao fazer a testemunha confessar, apontando dramaticamente para ela e gritando: "Não! *Este é* o verdadeiro culpado!" Mas, infelizmente, não conseguiu notas que justificassem sua matrícula num curso de direito; pelo contrário, chegou a ser incluído na *outra* lista do reitor. Mas ele sabia que era inteligente, e que teria tido um bom desempenho. Este autoconhecimento fez com que ele reavaliasse suas metas. Será que ele realmente desejava ser um advogado, ou esse objetivo lhe tinha sido imposto pelo pai? O fracasso de John (as notas baixas) se transformaram em vitória quando ele percebeu que queria realmente ser um homem de negócios, não um advogado. Então, mudou o foco dos seus estudos. Ele não conseguiu o que achava que queria — mas descobriu o que realmente queria.

Seu primeiro emprego, depois de formado, foi como vendedor. Ele recebeu uma lista de clientes que deveriam ser visitados regularmente, alguns inclusive bastante difíceis. Seu desempenho foi apenas um pouco superior à média, mas sua atitude de não se deixar abalar frente às repetidas negativas impressionou o chefe. A recusa em desistir finalmente acabou resultando em vendas extraordinárias, além de rápidas promoções na empresa. Ele não permitiu que o fracasso o bloqueasse — e acabou conseguindo resultados melhores do que os esperados.

Numa tentativa de avançar mais depressa ainda, John certa vez desenvolveu uma inovadora abordagem de vendas para sua empresa, que ele ousadamente apresentou aos superiores durante uma reunião. Foi uma jogada bastante arriscada que resultou em desastre: todos odiaram seu plano e o estraçalharam. Os diretores, no entanto, comentaram que tinham gostado do modo como se expressou, e elogiaram seus gráficos e tabelas. Anos antes, na escola secundária, John participara de uma equipe de debates. Apesar de ter treinado muito, nunca conseguiu uma colocação melhor que o terceiro lugar nos torneios. Agora, seu plano de vendas revelara ser um fracasso, mas ele saiu da reunião com um emprego novo e melhor, como responsável pelo setor de relações públicas e comunicações da empresa. O fracasso não o havia detido — e habilidades com as quais se debatera vinte anos antes acabaram sendo bem aproveitadas.

Alguns anos mais tarde, como diretor de desenvolvimento de uma grande empresa, ele supervisionou a criação de um novo programa de computação. Foi um fiasco enorme. Ninguém queria comprar o programa. A empresa investira grande soma no projeto, e o fracasso iria atingi-lo seriamente. Em vez de desistir, John passou dias refletindo sobre o problema. Foi quando percebeu que eles não conseguiam realmente compreender o programa e entender as coisas que seriam possíveis fazer com ele. Como resultado, estavam tentando comercializar o produto para um público errado. John obrigou os programadores e os especialistas de *marketing* a retomarem os trabalhos. Pouco depois, eles apresentaram um programa mais eficiente. Eles agora também compreendiam melhor tudo o que o tal programa conseguia fazer, e quais seriam seus compradores em potencial. O programa, reformado, foi um enorme sucesso — tudo porque ele encarou o problema de outra maneira.

LEITURA DO FRACASSO

"Na adversidade revela-se o gênio..."

— Horácio

"Na escola", diria John, "aprendemos a ler textos em inglês, a ler mapas, a ler música. Mas nunca aprendemos a ler o fracasso. A palavra 'fracasso' raramente significa 'terminado', 'acabou', 'esqueça', 'você não tem chance'. 'Fracasso' é uma daquelas palavras de significado múltiplo. Você precisa aprender a ler o fracasso."

John concordaria em dizer que sua vida foi repleta de fracassos. Mas ele conseguiu chegar ao topo assim mesmo, porque sabia que o fracasso nada mais era do que uma mensagem, uma mensagem que podia ser lida de diferentes maneiras. John continuou avançando porque sempre encontrou uma interpretação positiva para a mensagem.

Como devemos "ler" o fracasso? Qual é o significado do fracasso? Ele pode significar:

- *Você está desistindo cedo demais* — tal como eu fiz com os garotos agressivos. Um jóquei aprendiz, chamado Eddie Accaro, iniciou sua carreira de modo terrível, perdendo suas primeiras quarenta e cinco corridas. No entanto, ele persistiu, e quando se aposentou era um dos profissionais de melhor desempenho na história do turfe, com um total de 4.779 vitórias em seu currículo.
- *Você adotou um enfoque errado* — tal como John no caso do programa de computação.
- *Você está fazendo a coisa errada* — está tentando o salto com vara quando deveria estar correndo. O falecido Branch Rickey não era um bom jogador de beisebol. Na sua posição como *catcher*, ele deveria impedir que a equipe adversária roubasse as bases. Numa partida da qual participou, o outro time conseguiu um recorde de bases roubadas: treze! Realmente, ele não era um bom jogador, porém mais tarde ficou

famoso como administrador esportivo, tendo sido o corajoso responsável pela contratação do primeiro jogador negro numa das principais equipes do pais.

• *Você tem talentos que ainda não foram desenvolvidos* — mais estudo e treinamento poderão colocá-lo no caminho do sucesso.

• *Você está precisando descansar* — volte quando estiver se sentindo mais forte. A retirada de Dunquerque durante a Segunda Guerra Mundial manteve o exército britânico vivo para retomar a luta mais tarde.

• *Você deveria examinar melhor os seus motivos* — certifique-se de que está fazendo o que realmente quer fazer, não o que outros dizem que você deveria fazer.

• *E nunca se esqueça de que você é apenas um ser humano.*

No decorrer da minha vida, constatei que o fracasso geralmente é um sucesso numa forma diferente. Como disse Thoreau, uma erva daninha na verdade é uma flor cuja beleza ainda não foi descoberta. Da mesma forma, o fracasso freqüentemente é uma oportunidade não percebida de sucesso. O fracasso pode ser muitas coisas. Se aprendermos a ler o fracasso, certamente poderemos avançar.

COMO É QUE *VOCÊ* LÊ O FRACASSO?

> *"O tempo todo deparamos com grandes oportunidades brilhantemente disfarçadas de problemas insolúveis."*
>
> — Anônimo

Como você reagiria nas situações descritas abaixo?

1. Duas pessoas são demitidas do emprego. Ambas têm poucas economias, prestações para pagar e uma família para sustentar.

Uma delas diz: *"Minha vida terminou."*

A outra comenta: *"O emprego não era o que eu realmente queria; agora posso procurar algo melhor."*

Na sua opinião, qual dessas duas pessoas conseguirá se recuperar mais depressa?

2. Duas pessoas são obrigadas a assistir a uma palestra extremamente enfadonha.

Uma delas diz: *"Odeio estas palestras! Isto consegue estragar o meu dia."*

A outra comenta: *"É chato demais; vou aproveitar para tirar uma soneca."*

Na sua opinião, qual das duas sairá da palestra de mau humor e acabará brigando em casa?

3. Duas pessoas não conseguem encontrar emprego.

Uma delas diz: *"Não existe um emprego decente para mim. Talvez seja melhor desistir."*

A outra comenta: *"Deve haver algum problema com o meu currículo. Ou então não estou me expressando direito nas entrevistas. Também pode ser que eu esteja procurando o tipo errado de emprego."*

Na sua opinião, qual das duas acabará encontrando um bom emprego?

4. Dois funcionários acabam de ter propostas recusadas no trabalho.

Um deles diz: *"Não consigo fazer nada certo. Deste jeito, vou acabar sendo demitido."*

O outro comenta: *"Vejamos como seria possível melhorar esta proposta."*

Na sua opinião, qual dos dois acabará conseguindo ser promovido?

O *HALL* DA FAMA DOS FRACASSADOS

"Todos somos fracassos — pelo menos, os melhores dentre nós."

— James M. Barrie

Vamos ouvir a argumentação favorável aos fracassos! Ou melhor, vamos ouvir histórias de pessoas que não permitem que os fracassos atrapalhem o seu caminho. Vamos ouvir algo a respeito de gente que se recusou a desistir. Algumas das maiores figuras históricas foram fracassos consideráveis. Se resolvêssemos montar um "*Hall* da Fama dos Fracassados", teríamos de incluir muita gente:

Cristóvão Colombo, que partiu querendo encontrar um caminho marítimo para a Índia. Ele não chegou aonde queria chegar, nunca percebeu que não havia chegado lá, e nem nunca soube que seu plano jamais poderia tê-lo levado até lá.

Mel Blanc, a fabulosa voz que interpretou o Coelho Pernalonga e muitos outros personagens de desenho animado. Sua história, que me foi relatada por um amigo, é um dos melhores exemplos possíveis de perseverança. Com esperança de entrar no mercado das "vozes", Mel procurou a Warner Brothers para mostrar seu trabalho. Infelizmente, o responsável pelo setor recusou-se até a dar-lhe a chance de uma pequena audição. Ele foi mandado embora. Duas semanas depois, Mel voltou e outra vez foi recusado. A mesma situação se repetiu muitas vezes, de duas em duas semanas, durante um ano, sem que Mel tivesse ao menos a chance de mostrar suas vozes. Um ano inteiro de recusa se passou, até que certo dia, Mel voltou a bater na mesma porta, esperando ser mandado embora. Desta vez, no entanto, foi outra pessoa que abriu a porta. Quando Mel perguntou se poderia mostrar suas vozes, o sujeito concordou, e o resto faz parte da história. Mel Blanc era um talento incrível, mas sem a sua perseverança, o Coelho Pernalonga não teria a voz do Coelho Pernalonga.

George Washington, o grande general que poucas vezes venceu uma batalha. Na verdade, muitos dos seus contemporâneos desconfiavam de suas habilidades militares. Com muito tato, Thomas Jefferson disse que “a tática não era o ponto mais forte” de Washington. John Adams, que tinha menos papas na língua, disse que, como general, Washington era um idiota. Mas ele venceu a guerra. Ele conseguiu conservar unido um exército desigual, até que as circunstâncias, e os fracassos, ajudassem a tornar os Estados Unidos um país livre.

Paul Erlich, que na primeira década deste século estava procurando a cura para a sífilis. Na sua tentativa de número 606 ele encontrou uma, o salvarsan. Seiscentos e cinco fracassos não impediram que ele continuasse na sua busca. Aliás, seus seiscentos e cinco fracassos eram tão conhecidos, que a droga bem-sucedida muitas vezes era chamada pelo apelido de “seiscentos e seis”.

Thomas Edison, que fracassou mais de mil vezes na sua busca de um filamento para a lâmpada elétrica. Se ele não tivesse sido perseverante, não teria transformado a noite em dia.

Albert Einstein, que quando garoto ouviu um dos seus professores dizer que, o que quer que fosse que viesse a fazer quando adulto, essa coisa seria malfeita.

Charles Goodyear, que acabou com as finanças de sua família, e com sua própria saúde, durante os anos em que lutou para tornar a borracha usável. A história afirma que, apesar de ter prometido à mulher que deixaria de fazer experiências, ele estava usando a cozinha como laboratório numa ocasião em que ela não se encontrava em casa. Pego de surpresa, quando ela voltou antes do horário previsto, ele escondeu sua última mistura no forno que ainda estava quente. Quando ela saiu novamente, ele abriu o forno e descobriu que o calor tinha “assado” a mistura, transformando-a em borracha vulcanizada — exatamente o que estava procurando.

Alguns cientistas sérios, que estavam tentando inventar um produto capaz de substituir a borracha, durante a Segunda Guerra Mundial. No decorrer do processo, acidentalmente, misturaram ácido bórico com óleo de silicone. A mistura fracassou, porque não era o que eles estavam procurando; no entanto, mais tarde, viria a se tornar famosa como massa de vidraceiro.

Os Irmãos Marx, que somente conseguiram se firmar depois de inúmeros fracassos. Aliás, foi quando o público começou a abandonar a platéia no meio de um espetáculo no Texas, que Groucho começou a insultar a audiência, e os Irmãos Marx desenvolveram seu estilo característico.

Nathan Birnbaum, um péssimo comediante de *vaudeville* que foi expulso de vários teatros. Os diretores simplesmente se recusavam a contratar Nathan depois de terem visto qualquer coisa com ele. Por esse motivo, foi obrigado a mudar constantemente de nome artístico para conseguir encontrar trabalho. Mas ele se recusava a desistir. Finalmente, montou uma dupla com Gracie Allen e adotou o pseudônimo de **George Burns.** Com mais de noventa anos de idade, hoje, ele continua fazendo muito sucesso.

Clark Gable, cujo primeiro teste cinematográfico foi recusado; alegaram que suas orelhas eram excessivamente grandes.

Lucille Ball, que foi aconselhada por um de seus primeiros professores de interpretação a tentar outra profissão — qualquer uma.

Marilyn Monroe, a quem um executivo do setor de moda disse que deveria procurar um emprego como secretária, porque jamais conseguiria fazer qualquer coisa como modelo fotográfico.

Clint Eastwood, a quem um dos manda-chuvas da Universal Pictures recomendou que abandonasse seus sonhos de ser ator porque falava devagar demais, e também por ter um pomo-de-adão excessivamente proeminente.

Jimmy Durante, que tinha um nariz grande demais para poder fazer carreira no *show business.* Em vez de se deixar atrapalhar por isso, ele preferiu transformar o apêndice num ponto a seu favor. Referindo-se a si mesmo como "Schnoz", ele fazia piadas sobre seu nariz, e tornou-se um dos profissionais de mais sucesso no seu campo.

Os Beatles, que foram recusados pela Decca Records no início da carreira com a justificativa de que "o som que fazem não agrada". Quando iniciaram sua primeira temporada nos Estados Unidos, o diretor da Capital Records, que distribuía as suas gravações no país, disse que achava que aqueles discos não tinham muito apelo popular.

Elvis Presley, que foi demitido após uma única apresentação no Grand Ole Opry. O administrador do Opry, que o demitiu, sugeriu que ele deveria voltar a trabalhar como motorista de caminhão.

Peter Ilich Tchaikovsky, que sofria terríveis crises de falta de autoconfiança. Seus professores raramente lhe davam o crédito que merecia. Sua primeira sinfonia foi descrita como sendo "imatura". Os bailarinos da primeira encenação de *O lago dos cisnes* deixavam muito a desejar, e as críticas do espetáculo foram péssimas. Muitas vezes ele compunha música difícil de ser interpretada, de maneira que era mal tocada e mal recebida. Mas ele persistiu, e se tornou um compositor extremamente popular. Atualmente, é considerado um dos mais importantes compositores do século XIX, ou até de todos os tempos.

Harry Truman, que fracassou na vida empresarial e entrou na política, tornando-se um dos componentes da "máquina" montada por Pendergast no Estado de Missouri. Dizem que Franklin D. Roosevelt o aceitou como vice-presidente, em 1944, principalmente porque ele era considerado inofensivo. Durante a campanha presidencial de 1948, todos *sabiam* que ele seria derrotado por Dewey. Mas Harry recusou-se a desistir. E ganhou a eleição.

O general-brigadeiro Billy Mitchell, que acreditou que os aviões iriam revolucionar a arte da guerra. Poucos o apoiavam, mas ele persistiu. Em 1921, teve uma idéia maluca: quis usar aviões para afundar navios de batalha. Todos insistiram em afirmar que isso era simplesmente impossível. O secretário da Marinha chegou a dizer que Mitchell deveria abandonar a carreira militar e escrever romances de aventuras. Franklin D. Roosevelt, um ex-secretário assistente da Marinha, declarou que seria "altamente improvável" que até mesmo uma frota de aviões conseguisse afundar um navio de guerra. Newton Baker, secretário da Defesa, tinha tanta certeza que Mitchell estava errado, que se ofereceu como voluntário para ficar no convés do navio que Mitchell tentaria afundar. Baker teve a sorte de estar em outro lugar, porque os aviões de bombardeio conseguiram afundar o navio. Muitas das grandes batalhas navais da Segunda Guerra Mundial, incluindo a de Pearl Harbor, não foram travadas entre navios; quase sempre eram aviões contra navios, tal como Mitchell imaginara.

O cientista Robert H. Goddard, que o jornal *New York Times* acusou de não dominar sequer a matemática ensinada no curso secundário. Poucas pessoas levavam Goddard e suas experiências com foguetes a sério. Referindo-se a um dos seus planos, os editores da revista *Scientific American* disseram que nem valia a pena levá-lo em consideração. A Army Air Corp recusou-se a colaborar com ele. Hoje em dia, no entanto, Goddard é considerado o pai da indústria de foguetes dos Estados Unidos. A espaçonave Apollo, que levou nossos astronautas para a Lua, é descendente direta dos seus primeiros foguetes.

Chester F. Carlson, cuja idéia de um método para se poupar muito esforço nos escritórios do país inteiro foi recusada por mais de vinte importantes empresas, nas décadas de trinta e quarenta. Seus pais não tinham dinheiro, e ele foi obrigado a trabalhar para financiar seus estudos durante o auge da Depressão, mas Chester não desistiu da idéia. Trabalhando de dia e estudando à noite, ele fracassou diversas vezes tentando aperfeiçoá-la. Ele também teve de ouvir recusas constantes, e chegou a vender uma parcela considerável dos seus futuros rendimentos por três mil dólares. Anos se passaram até que sua invenção, chamada xerografia, finalmente fosse lançada no mercado. Aliás, sua idéia acabou sendo desenvolvida e comercializada por uma batalhadora empresa chamada Haloi, que depois mudou seu nome para Xerox. A idéia de Chester, evidentemente, era o que hoje chamamos de máquina Xerox.

O arremessador de beisebol Cy Young, dono do recorde de derrotas na carreira profissional (313). Mas enquanto estava perdendo todos esses jogos, ele também conseguiu bater o recorde das *vitórias*: 511. O principal prêmio para os arremessadores de beisebol, o Cy Young Award, tem esse nome em homenagem a ele.

Hank Aaron, apanhador da principal Liga de Beisebol dos Estados Unidos, recordista de lançamentos infelizes, mas também recordista de lançamentos que permitem ao batedor completar o circuito das bases (755).

Ty Cobb, o jogador de beisebol que, durante décadas, foi o recordista de expulsões, enquanto tentava roubar uma base. E durante muitas décadas também foi o recordista de bases roubadas.

Os heróis anônimos, as muitas pessoas que conseguiram sucesso nos estudos, nos negócios e na vida particular, pelo simples fato de não desistirem. O proprietário da pequena loja que trabalha sessenta horas por semana, tanto nos maus quanto nos bons tempos. O artista que se esforça durante anos e mais anos. Os estudantes que estudam duas vezes mais que os seus colegas. As crianças firmemente determinadas a dominar o beisebol ou o balé. Todas as pessoas que sabem que o fracasso é apenas mais uma marcação no caminho que leva ao sucesso.

Você, pelas tentativas que faz.

RECEITA: PERSISTÊNCIA

"Quando nada parece ajudar, costumo sair e olhar para um homem que talha pedras, e que martela seu material uma centena de vezes sem que sequer uma única rachadura apareça. No entanto, na centésima primeira batida, a pedra se divide em duas, e eu sei que isso não aconteceu por causa dessa batida, mas sim por causa de todas as anteriores."

— Jacob Riis

John, o homem que chegou ao topo graças aos seus fracassos, me disse: "Se você quer ter sucesso, é preciso que tenha persistência."

Essa persistência é a habilidade de persistir ("stick" = aderir, grudar) numa tarefa, pouco importando quão demorada ou difícil ela possa ser. Os "fracassados" incluídos no nosso *Hall* da Fama acabaram tendo sucesso porque se recusaram a desistir. Ou melhor, porque não *podiam* desistir. Aliás, acho que é justamente isto que torna as pessoas bem-sucedidas: elas não *podem* desistir. O desejo que têm de alcançar alguma coisa é tão intenso que elas não permitem que nada as atrapalhe.

A maioria dos grandes homens e mulheres que admiramos tinha persistência. Eles queriam alguma coisa, e a queriam intensamente. Este desejo acabou conduzindo-os ao topo. O que você deseja com tanta intensidade que não permitirá que nada se coloque no seu caminho? Amor? Felicidade? Conhecimento? Um determinado emprego ou rendimento? Ver uma idéia se concretizando? Um sonho tornando-se verdade? Do que você é *incapaz* de desistir?

John tem um ritual interessante que executa todos os dias. "Eu nunca sei para onde estou sendo conduzido", diz ele. "Mas de qualquer modo, sei que preciso persistir. Tudo o que faço, sempre faço com persistência."

Para lembrar-se da necessidade de "aderir", enquanto está sentado no escritório, ele enrola um pedaço de fita adesiva, formando uma bola, e deixa que ela grude em seus dedos. Depois sacode a mão e mexe os dedos, mas a bola continua grudando.

"Muitas vezes faço isto enquanto estou planejando minhas metas ou o próximo passo a ser dado. A perseverança é tão importante, que mesmo quando não comecei ainda a fazer alguma coisa, mesmo quando não sei qual é a meta final, faço questão de dizer a mim mesmo que preciso persistir. Eu sou como essa fita adesiva. Eu não desgrudo."

Vamos aprender uma lição com John, um homem que sabe como o fracasso deve ser lido, e que chegou ao topo graças aos seus "fracassos", porque simplesmente não sabia como desistir. Não resta a menor dúvida de que é importante ter metas a longo e a curto prazo, pois precisamos saber para onde estamos nos dirigindo. Mas é igualmente importante *saber que chegaremos lá,* saber que depois de termos iniciado um caminho, não pararemos mais. Somos como a fita adesiva, temos persistência.

Diariamente, faça uma bola de fita adesiva e grude-a nos dedos. Sacuda a mão e constate que a bola está aderindo. E enquanto faz isso, diga:

Passando por cima, por baixo, em volta ou pelo meio,
indo com rapidez ou lentidão,
caminhando com ousadia ou com cautela,
sozinho ou entre outros,
chegarei ao lugar para onde estou indo
desde que continue caminhando.

Nosso destino não é determinado pelo acaso. É uma questão de opção. A maioria das pessoas que obteve sucesso, pouco importando se no mundo dos negócios, nos esportes, na educação ou na vida pessoal, conseguiu isso por não aceitar um "não" como resposta. Montei uma distribuidora de produtos farmacêuticos e três consultórios a partir do nada. Eu nada entendo de negócios, e cometi mais erros do que gosto de me lembrar. O segredo do *meu* sucesso e, acredito, o segredo dos seus próximos sucessos, é o seguinte:

1. *Trabalho duro;*
2. *Um produto ou serviço de boa qualidade; e*
3. *Persistência.*

O presidente Calvin Coolidge dos Estados Unidos, conhecido também como "Silent Cal", sabia disso, observando que ao mesmo tempo que o mundo está repleto de pessoas educadas, inteligentes e talentosas, que nunca chegam a lugar algum, o *Hall* do Sucesso está ocupado por aqueles que não quiseram — e *não puderam* — desistir.

E vamos lembrar um ensinamento do famoso cantor Eddie Cantor, segundo o qual podem ser necessários vinte anos para se fazer um sucesso *overnight* (da noite para o dia). Persistência é o elemento indispensável para esse *overnight*.

CAPÍTULO OITO

EU COMANDO

"A mente é o seu próprio lugar, e pode fazer um céu do inferno ou um inferno do céu."

— John Milton

Em 1961, eu era um jovem consultor de medicina interna e de cardiologia. Minha especialidade consistia em fazer os diagnósticos dos casos difíceis. Meu sonho era incendiar o mundo da medicina com meus brilhantes diagnósticos. Eu seria o melhor de todos, e seria capaz de diagnosticar até mesmo doenças que nem sequer tinham sido inventadas ainda.

Um dos meus sonhos já tinha se transformado em realidade: eu tinha uma jovem e bela esposa e quatro filhos, o mais velho com sete anos. Eu também tinha algumas coisas que não eram propriamente objetos de sonho: um carro velho, uma casa nova com muitas prestações a pagar, inúmeras contas e poucos pacientes.

Sim, eu tinha grandes sonhos. Eu também tinha poucos recursos financeiros para o meu sustento e o de minha família. Grandes sonhos, poucos recursos e muitas responsabilidades: os ingredientes certos para dar origem a uma enorme ansiedade.

Para me tornar conhecido entre os médicos, e para ganhar um pouco de dinheiro, eu rodava para todos os lados. Estava sempre disposto a examinar um paciente, pouco importando onde isto acontecesse. Certa tarde, fiquei muito animado ao receber dois chamados telefônicos: um era para ver um paciente em Long Beach, e outro para examinar um doente em Glendale. Long Beach fica a trinta e tantas milhas ao sul de Los Angeles; e Glendale fica à mesma distância em direção ao norte. Eram cinco horas da tarde. Se bem que naqueles tempos o trânsito não tivesse os atuais congestionamentos, também não era algo que podia ser desprezado. A idéia de dirigir até Long Beach e depois voltar para Glendale era maluca, mas eu queria o trabalho — ambos os trabalhos.

O trânsito estava muito intenso quando peguei a estrada para Long Beach. Aparentemente, todos os moradores de Los Angeles tinham decidido tomar aquela estrada naquele dia, todos na minha frente, dirigindo na menor velocidade possível. Eu queria impressionar os médicos de Long Beach, queria chegar no horário, mostrar que estava calmo e confiante, fazer um diagnóstico rápido mas brilhante, capaz de salvar a vida do paciente. Em seguida, voaria para Glendale, onde teria uma *performance* igualmente maravilhosa. Mas todos aqueles carros lentos estavam na minha frente!

Enquanto dirigia feito uma tartaruga, ficava dizendo a mim mesmo que as coisas estavam ruins, piorando cada vez mais: "Este maldito trânsito! Se eu não conseguir chegar lá, eles convocarão outra pessoa. Por que será que eu sempre fico preso no trânsito? Por que eu tinha de vir para Los Angeles? Por que eu não volto para o sul da Filadélfia, onde não existe este trânsito que está arruinando a minha vida?"

Não demorou muito para que eu sentisse o coração batendo mais forte, e aquilo fazia com que eu sentisse dor. A parte frontal da cabeça latejava. Eu transpirava muito. Obviamente, meu carro não estava equipado com ar condicionado, e o ruído da lataria dava a impressão de acompanhar a cadência do meu coração, o que me deixava ainda mais nervoso. Minhas mãos estavam firmemente agarradas ao volante. Comecei a ter pontadas de dor na parte superior do estômago, enquanto pensamentos do tipo "Jamais conseguirei chegar lá, minha carreira está indo por água abaixo" me passavam pela cabeça.

De repente, achei que tudo aquilo era demais. Estacionei o carro no acostamento. Meu coração batia freneticamente. Eu sentia dores no peito, no estômago, na nuca, nos braços e nas costas. Eu estava ofegante como se tivesse acabado de subir dez lances de escadas. O que estava acontecendo comigo?

Então, intuitivamente, compreendi o que tinha de fazer. Em voz alta, comecei a dizer a mim mesmo: "Arnie, desacelere. Desacelere a respiração. Relaxe. Acalme-se. Tudo irá se ajeitar. Vamos ver se você consegue desacelerar os batimentos cardíacos. Sua vida e sua carreira não dependem deste único caso. Se você não conseguir chegar lá, outro médico fará o seu trabalho."

Meu pulso tinha umas cento e cinqüenta batidas por minuto — o que era demais. Calmamente, conversei comigo mesmo, e respirei de modo lento e profundo, ordenando aos músculos que relaxassem. Não demorou muito para que eu começasse a me sentir melhor. Os batimentos cardíacos caíram para cem, depois para setenta, à medida que a respiração se tornava mais pausada. A nuca, as costas e os braços se descontraíram. O peso no peito sumiu. O estômago deixou de se manifestar. E também parei de transpirar.

"Ufa!", exclamei, espantado com o que tinha acontecido. "Agora estou me sentindo bem."

Nesse instante, um intrigado policial de motocicleta enfiou a cabeça pela janela aberta do meu carro e perguntou: "O que você está fazendo?"

"Estou falando comigo mesmo", respondi.

"Você está bem?"

Expliquei o que tinha acontecido, como aparentemente tinha "adoecido pela força mental" e como depois me curei com uma boa "injeção" de papo positivo.

"E isso funciona?"

"No meu caso, certamente deu certo", respondi.

"Muito bem, doutor", disse ele, enquanto acenava, despedindo-se. "Meu trabalho às vezes é bastante duro; acho que também vou tentar isso."

O discurso positivo conseguiu sustar o ataque de ansiedade. Naquele tempo, ainda não sabíamos muita coisa a respeito de *stress* ou pensamento positivo, mas fiquei espantado com a facilidade com a qual eu tinha primeiro me levado a uma situação de ansiedade extrema e, depois, saído dela. Eu me perguntei quais seriam os efeitos a longo prazo daquilo tudo sobre o coração, o estômago e as demais parte do corpo. Determinado a evitar outro ataque de ansiedade, telefonei para o hospital de Long Beach. A enfermeira me disse que o paciente estava repousando calmamente, que não havia necessidade de correr muito. Aliás, ela sugeriu que eu parasse para jantar até o trânsito ficar mais calmo.

Eu ainda tinha de fazer a consulta em Long Beach, depois voltar para Los Angeles e ir ao hospital em Glendale, e também sabia que, na melhor das hipóteses, chegaria em casa de madrugada. Mas também sabia que seria capaz de fazer tudo. Eu me sentia bem. Eu me sentia confiante. Eu me sentia como se estivesse prestes a incendiar o mundo da medicina.

Os pensamentos positivos, aplicados de forma ativa, foram a cura para a ansiedade produzida pelos pensamentos negativos.

QUANDO OS PENSAMENTOS SÃO "GERMES"

Macbeth: *"Não és capaz de cuidar de uma mente doente, arrancando da memória uma dor enraizada, demolindo os problemas inscritos no cérebro, e com algum doce antídoto do esquecimento limpar o peito inchado de todas as coisas perigosas que pesam sobre o coração?"*

Médico: *"Nisto tudo, o paciente precisa cuidar de si mesmo."*

O que tinha acontecido? Será que meus sintomas eram todos psicológicos, existindo apenas na minha cabeça? Será que eu havia me "curado", enganando a mim mesmo? Não. Meus pensamentos repletos de FUD[1] produziram mudanças bioquímicas e fisiológicas definidas, e perigosas, dentro do meu corpo. Meus sintomas sumiram rapidamente. Outros não têm tanta sorte. Como médico, já vi muitas pessoas sofrendo dos efeitos nocivos do *stress* contínuo e dos pensamentos negativos. Muitos estudos apóiam a relação entre pensamentos negativos e perturbações físicas. Friedman e seus colegas focalizaram problemas como as doenças coronárias, úlceras pépticas, asma, artrite e dores de cabeça.

---

1. FUD, como já sabemos, são as iniciais de Medo, Incerteza e Dúvida, em inglês.

Na análise que fizeram de mais de cem pesquisas,[2] eles observaram que a depressão, a hostilidade, a raiva e a ansiedade desempenham um papel importante no desenvolvimento dessas doenças — principalmente a depressão.

Muitos trabalhadores constatam que suas mentes estão repletas de FUD e de outros pensamentos negativos quando estão estressados por causa de excessos crônicos de trabalho, conflitos de papéis e atribulações. É um fato bastante conhecido que, com a continuidade do *stress* (negatividade), existe um grande fluxo de cortisonas (os glucocorticóides da glândula supra-renal), o que causa uma queda na quantidade e na capacidade de importantes células do sistema imunológico, tais como os monócitos, os macrófagos e os linfócitos (as "grandes armas" do sistema imunológico). O *stress* contínuo, sempre acompanhado por depressão, pessimismo, falta de esperança e sensação de impotência, prejudica a capacidade que os fagócitos ("comedores de células") do sistema imunológico têm em "devorar" organismos invasores e células cancerosas.[3] O *stress* também pode reduzir a quantidade de células[4] do corpo inteiro. As grandes células (macrófagos alveolares) que protegem nossos pulmões são danificadas pelo *stress*.[5]

Pessoas de pensamento negativo tendem a sofrer constantemente de resfriados, tosse, bronquite, infecções pulmonares e outros problemas associados a um sistema imunológico enfraquecido. (Quando deflagrada várias vezes, a bronquite pode levar a sintomas semelhantes aos da asma. Dessa maneira, doenças crônicas se tornam estruturalmente presentes como resultado da negatividade.) Pense nas incríveis

---

2. Friedman, HS & Booth-Keinley, S.: *The "Disease-Prone" Personality*. Health Psychology 42: 539-555, 1988.

3. Gotjamason: *Alterations in reticuloendothelial organ structure and function following cortisol administration to mice.* RES, Jour. of Reticuloendothel. Soc. 8: 421-433, 1970.

4. Fauci, AS.: *Corticosteroids and circulating lymphocytes*. Transplant. Proc. 7137-40, 1975.

5. Hunninghake, GW & Fauci, AS: *Immunologic Reactivity of the Lung*. Jour. Immunol. 118: 146-150, 1977.

quantidades de receitas que os médicos prescrevem para antibióticos, todos os *sprays*, gotas e outros remédios usados.

Da cabeça aos pés, seu corpo está à mercê dos pensamentos negativos. Esta é a má notícia. A boa notícia é que, da cabeça aos pés, os pensamentos bons podem ser um excelente remédio.

Receitas de saúde — ou de doença

No percurso para Long Beach, acalentei determinados pensamentos (negativos) que julgava serem meus. Esses pensamentos certamente eram meus, mas não tinham sido escolhidos por mim, não inteiramente. Ou seja, eu diria que estava reagindo a inúmeras injunções que tinham se acumulado na minha mente desde o dia do meu nascimento. Uma injunção é uma ordem, um comando. Quando o professor nos disse: "Vocês deveriam deixar a escola e ir trabalhar como lixeiros", isto foi uma injunção. Quando riram de mim porque queria estudar medicina, isto foi uma injunção. Quando descreveram com inúmeros detalhes os motivos pelos quais eu nunca conseguiria, isto foi uma injunção. No meu caso, todas estas injunções se resumiram numa frase bastante curta: Você não vai conseguir chegar lá. Você não pode fazer isto. Você é um fracasso. E quando eu fui vitimado pelo ataque de ansiedade durante o percurso para Long Beach, não estava simplesmente reagindo ao fato de que chegaria atrasado. *Eu estava reagindo a décadas de injunções, a milhares de mensagens de "fracasso"*. A possibilidade de me atrasar na tentativa de conquistar os médicos de Long Beach se transformou, em minha mente, num desastre irreversível, numa prova de que eu deveria mesmo ser um fracasso absoluto. Eu estava sofrendo de um ataque de injunção, uma crise mental que acabou afetando a minha saúde física.

As injunções são mensagens poderosas "escritas" na nossa mente. Todos as temos; não há como escapar delas. O que pensamos hoje, o que "escrevemos" em nossa mente, sempre é lido à luz das injunções de ontem. O modo como reagimos aos eventos de hoje, grandes ou pequenos, é consideravelmente influenciado pelas nossas injunções. O que pensamos de nós mesmos, a maneira como tratamos os outros, tudo é fortemente influenciado por esses mesmos comandos. Nossa reação frente aos outros baseia-se menos no que eles dizem e fazem do que nas nossas injunções, ou "programação" anterior. E se as nossas injunções nos dizem que somos fracassados, são muito grandes as probabilidades de que encontraremos um modo de conseguir o fracasso apesar do sucesso iminente.

A caminho de Long Beach, reagi ao engarrafamento com toda a força das minhas injunções negativas. No entanto, as injunções não precisam ser necessariamente negativas e prejudiciais. Elas também podem ser pensamentos positivos que levam a ações positivas. Meus pais sorriam com orgulho quando eu lhes dizia que seria médico quando crescesse: esta foi uma injunção positiva. Meu avô disse que se formaria comigo na escola de medicina: outra injunção positiva, que me ajudou a eliminar muitas das dificuldades que são parte rotineira de qualquer treinamento médico.

Nossos pensamentos são receitas que escrevemos para nós mesmos. E você? Está pedindo saúde e felicidade, ou doença e infelicidade?

As cinco virtudes

A mensagem deste livro poderia ser resumida numa idéia bastante simples: *PPAP = Pensamentos Positivos, Ação Positiva.* Se as injunções negativas atrapalham o seu caminho, substitua-as por comandos positivos capazes de levá-lo de volta à rota do PPAP. São necessários apenas de trinta a sessenta dias para começarmos a alterar nossa maneira de pensar, modificando nosso modo de reagir perante os eventos. E assim que conseguirmos o controle sobre nossas reações, também conseguiremos o controle sobre a nossa vida.

Já falamos bastante a respeito de pensamentos positivos e ação positiva. Mencionamos dois tipos diferentes de ação: a ação "interior", que serve para ajudar a construir a confiança em si mesmo, e a ação "exterior", para atingir uma determinada meta. As ações "interiores", com suas afirmações, são de grande importância, pois ajudam a construir e a fortalecer a confiança na sua capacidade de atingir as metas propostas. As ações "interiores" também o ajudam a eliminar aquelas injunções negativas que atrapalham o caminho, soterrando-as sob montanhas de comandos positivos, que o irão impelir para grandes ações "exteriores".

Eu sempre digo aos meus pacientes que a melhor maneira de superar a negatividade do passado é adotando aquilo que Barry e eu chamamos de as Cinco Virtudes.[6] Um resumo de todos os pensamentos positivos que podemos ter, as Cinco Virtudes na verdade são injunções positivas que damos a nós mesmos. São elas: Entusiasmo, Confiança, Amor, Perdão e Perseverança.

Eu recomendo aos meus pacientes que administrem a si mesmos diariamente uma transfusão espiritual das Cinco Virtudes, cinco vezes ao dia: antes do café da manhã, antes do almoço, durante a tarde, antes do jantar e antes de deitar. Eu recomendo que recitem essas injunções para as Cinco Virtudes, visualizando-as mentalmente enquanto são ditas, e sentindo-as com toda a força do coração.

Para o **Entusiasmo** — *"Hoje eu estou me sentindo entusiasmado, e agirei com entusiasmo em relação a todos os que encontrar."*

Para o **Amor** — *"Sinto um grande amor por mim mesmo e por todas as outras criaturas. Respeito e amo a todos, inclusive as pessoas das quais discordo. Apesar de não aprovar o pecado, eu amo o pecador. Eu amo a Deus, meu poder superior. Eu amo e honro todos os que me precederam por terem tornado mais fácil a minha jornada. E também amo os que fazem meus dias serem tão doces."*

Para a **Confiança** — *"Acredito firmemente que sou capaz de conquistar o inconquistável no meu caminho para o topo, lidando facilmente com cada ocasião NICE*[7] *que surgir."*

Para o **Perdão** — *"Eu me perdôo por qualquer coisa errada que possa ter cometido, tomando o cuidado de repará-la. E também perdôo*

---

6. Estas Cinco Virtudes foram detalhadamente descritas em nosso livro *Wake Up! You're Alive*, Health Communications, Deerfield Beach, FL, 1988.

7. NICE = Experiência Nova, Interessante e Desafiadora.

a todos pelos males que possam ter-me feito. Perdoando a mim e aos outros, tenho a liberdade de avançar, fazendo as coisas que quero fazer, tendo as coisas que quero ter e sendo a pessoa boa e repleta de compaixão que realmente quero ser. Agora eu sou livre!"

Para a **Perseverança** — *"Com a persistência como lema, serei perseverante em todas as coisas que iniciar, levando-as sempre até o fim. Farei todo o bem que estiver ao meu alcance. E tratarei a todos sempre da melhor maneira possível, porque essa é a coisa certa a ser feita."*

De uma maneira geral, os seres humanos costumam cumprir as ordens que recebem. Ou seja, vemos os eventos de hoje e reagimos tomando por base, em grande parte, o que foi "programado" em nossas cabeças desde o dia do nosso nascimento. Como esse processo nunca estaciona, nunca é tarde demais para encher a cabeça com comandos positivos que irão impeli-lo em direção aos pensamentos positivos e, conseqüentemente, às ações positivas.

Simplesmente imagine que você pode acordar se sentindo maravilhoso, bem desperto, com muito entusiasmo, muita confiança, muitas endorfinas e muita energia, em vez de se sentir apalermado, de ressaca, apreensivo e negativo em relação ao que o novo dia lhe trará. Imagine que está enfrentando uma crise com muita confiança. Imagine ser capaz de finalmente colocar de lado as mágoas que transporta consigo há tantos anos. Imagine que você é capaz de conversar francamente com sua mulher e filhos. Acrescente as Cinco Virtudes à sua lista de ações "interiores" diárias. Transforme as Virtudes e as ações "interiores" descritas neste livro em partes integrantes da sua vida. Seus pensamentos irão surgir primeiro, seguidos pelas palavras, pelas ações, depois pelos hábitos e finalmente pelo seu caráter. Trata-se de um processo automático. Elas serão as suas injunções, suas injunções *positivas*. Em vez de ver tudo através de um filtro de negativismo, você olhará para uma vida iluminada por felicidade e confiança, à medida que você for além do pensamento positivo.

Nunca é tarde demais para começar, e agora sempre é o melhor momento para o início.

Uma injunção vencedora

Muitas pessoas dão a si mesmas instruções vencedoras, embora possam não perceber o que estão fazendo. Outra noite,[8] a televisão deu uma breve notícia a respeito de uma jovem mulher chamada Patty Shannenbeg. Quando garota, Patty se apaixonou pelos cavalos e pelos saltos. Usando animais alugados até conseguir ter seu próprio cavalo, ela aprendeu sozinha como fazer para conduzi-los por percursos cheios de obstáculos sobre os quais precisavam saltar. Ela declarou que, desde o início, sabia que era isso o que queria fazer, e também que queria isso da melhor forma possível.

Seu sonho de ser campeã transformou-se num pesadelo quando quebrou a coluna num acidente hípico em agosto de 1977. Desde então, ela é obrigada a viver sentada numa cadeira de rodas.

A reportagem mostrou Patty num ginásio esportivo, instalada na sua cadeira de rodas, levantando pesos. Ela disse uma frase muito interessante ao entrevistador: ela explicou que o simples fato de não se poder continuar fazendo alguma coisa da maneira antiga, não significa que se deva desistir. "Sempre existe um outro jeito de fazê-lo."

Patty agora tem uma nova meta: ela sonha em ser campeã de esqui, um sonho aparentemente impossível para uma mulher confinada numa cadeira de rodas. Mas, lembre-se: o simples fato de você não poder mais fazer algo da maneira como estava acostumado não significa que você precise desistir. Tendo estudado na Big Bear Handicapped Ski School, Patty tem planos de se candidatar para a equipe norte-americana de esquiadores incapacitados. E lá estava ela na televisão, deslizando pela encosta de uma montanha num equipamento apropriado. Patty encontrou um novo caminho.

"Sempre existe um outro jeito de fazer aquilo que se quer fazer." Esta é uma injunção poderosa, um comando extremamente positivo que impeliu Patty para uma grande ação positiva. Lembra-se do homem, no primeiro capítulo, capaz de fazer nove mil coisas? Ele e Patty são muito semelhantes. No final da entrevista, ela disse que "todos nasce-

8. 7 de abril de 1991.

mos com dez mil coisas que podemos fazer". E mesmo quando se está confinado a uma cadeira de rodas, sempre existem oito ou nove mil alternativas.

Pensamentos positivos, ação positiva.

O PRESENTE NÃO É DESCULPA

> *"As pessoas que avançam neste mundo são aquelas que se erguem e procuram as circunstâncias que querem, e, se não conseguem encontrá-las, simplesmente as criam."*
>
> — George Bernard Shaw

"Esta história e muito bonita e inspiradora", comentou um amigo quando lhe falei a respeito de Patty. "No entanto, se ela tinha o seu próprio cavalo, isto significa que deve ter sido uma menina rica. E sempre é fácil ser positivo quando se tem dinheiro."

Tendo sido pobre e rico, posso afirmar, com toda a certeza, que não existe nenhuma relação entre dinheiro e positividade. E também posso contar casos de muitas pessoas que derrotaram a pobreza com suas grandes injunções, com pensamentos positivos e ações positivas.

O grande jogador de futebol **Pelé** (nascido Edson Arantes do Nascimento), que levou o Brasil a vencer as Copas Mundiais de 1958, 1962 e 1970, nasceu numa cidade pobre, no interior do país. Filho de um sapateiro, esse garoto sem estudo, que engraxava sapatos, conseguiu chegar ao topo. Ter começado num ambiente pobre não o impediu de alcançar o nível máximo.

Jesse Owens (James Cleveland Owens) aos sete anos de idade ajudava seu pai a colher algodão. Esse menino pobre e sem nenhuma perspectiva de progresso conquistou quatro medalhas de ouro na Olimpíada de Berlim, em 1936. Num único dia, em 1935, ele quebrou três recordes mundiais e se equiparou a um quarto, tudo dentro de um período de uma hora. Um desses recordes somente foi ultrapassado em 1975. A falta de oportunidades não impediu o avanço de Jesse Owens.

Walter Reed, filho de um pobre pregador ambulante, salvou incontáveis vidas descobrindo a causa da temida febre amarela. O governo escolheu o nome Walter Reed Army Hospital em homenagem a esse homem de grandes ambições.

Eddie Rickenbacker, cujo pai era um simples ferroviário, e que morreu quando o garoto ainda freqüentava o curso primário, saiu da escola para trabalhar aos treze anos de idade. Para conseguir o emprego, disse ao patrão que já havia completado catorze anos. Ele trabalhava doze horas por dia, seis dias por semana, numa fábrica de vidro, antes de se transferir para outros encargos. Eddie acabou se tornando mecânico de automóveis, e aos dezessete anos era responsável pelo setor de pesquisas da Frayer-Miller Auto Company. Embora Eddie tenha embarcado pela primeira vez num avião em 1916, pouco tempo depois ele se tornou um dos maiores pilotos dos Estados Unidos, durante a Primeira Guerra Mundial. A falta de dinheiro e de um pai não impediram que Eddie progredisse.

A única pessoa que chegou a ganhar dois Oscars por uma única performance num filme tinha "bons" motivos para desistir de qualquer coisa na vida. **Harold Russell**, gerente e administrador do departamento de carnes numa rede de supermercados, apresentou-se como voluntário para a equipe de pára-quedistas durante a Segunda Guerra Mundial. Uma granada explodiu na mão do Sargento Russell. Ele ficou internado no Walter Reed Hospital, onde recuperou a saúde, mas não as mãos.

Equipado com membros artificiais e ganchos, Russell estava passando pela fase de reabilitação quando o convidaram para interpretar seu próprio personagem num filme intitulado *The Diary of a Sargeant*. Um diretor de Hollywood, que viu o curta metragem produzido pelo governo, escalou Russell para um filme que estava rodando. Intitulado *The Best Years of Our Lives*, o filme, de 1946, a respeito de três soldados que retornam à vida civil, foi um grande sucesso. Na noite da entrega do Oscar, Russell ganhou um Oscar especial por transmitir "esperança e coragem aos colegas veteranos". Logo em seguida, espantou todos os astros reunidos no local, ganhando um segundo Oscar, como melhor ator coadjuvante, derrotando muitos dos melhores atores da época. Em seu livro, *A Victory in My Hands*, que foi traduzido para vinte idiomas, Russell observa que "*não é o que perdemos, mas sim o que resta que realmente conta*". Esta, sem dúvida alguma, é uma poderosa injunção.

Robert Clary, ator conhecido pelo seu papel de "Le-Beau" na série de televisão "Hogan's Heros", estava marcado para morrer quando ainda era muito jovem. Os nazistas prenderam o garoto de dezesseis anos e o enviaram para o campo de concentração de Auschwitz, onde a única dúvida era se ele iria morrer depressa ou devagar. Mas Clary sobreviveu. Ele atribui sua sobrevivência ao fato de que, uma vez por semana, quando tinha uma pequena folga dos trabalhos forçados, ele apresentava pequenos espetáculos para seus companheiros de infortúnio. "Foi o que me salvou", disse ele. "Esta foi a minha maneira de esquecer o lugar onde eu me encontrava."

Esta ação positiva expulsou a venenosa realidade de sua mente, mesmo que fosse só por alguns momentos. E a sua ação positiva sem dúvida salvou outros, ajudando-os a sorrir, nem que fosse apenas por instantes. Qual era o comando que ele dava a si mesmo? A afirmação de que era possível colocar de lado, pelo menos por um momento, o terrível fato de estar preso num campo de concentração. Ele dizia a si mesmo que era possível ser positivo em meio a um desastre generalizado.

Injunções fortes resultam em pensamentos positivos e ações positivas.

Podemos ser agora...

Sou uma pessoa que sempre faz questão de acreditar no futuro. Pelo que me diz respeito, com o PPAP, as coisas sempre irão melhorar. Lembro muito bem de um dos poemas que li no meu Manual de Escoteiro, em 1939, quando tinha apenas onze anos de idade. Na verdade, esse poema foi uma injunção que me ajudou a superar muitos dos comandos negativos que eu recebia dos outros. Tenho o hábito de recitá-lo para jovens quando eles me dizem que jamais irão conseguir chegar a lugar algum. E também faço cópias e digo que eles deveriam decorá-lo. O poema chama-se "Aquele que Vem", e foi escrito por Edgar Guest.

No momento, ele pode ser um contínuo,
um mensageiro ou um escriturário.

Ele é o mais ínfimo entre todos
os contratados pelo seu patrão.
Mas trabalha com disposição
e sempre está sorrindo contente.
Ele está no caminho do sucesso
Este sujeito acabará vencendo.

Nenhum poder conseguirá impedi-lo
e ele deixará todos para trás.
Os que ganham mais e o censuram,
dizendo que deve ser cego
para fazer mais do que é pago para fazer,
sem sequer reclamar do abuso.
Os que dizem que o horário das cinco da
tarde é sagrado para ir embora.

Ele não será contínuo por
muito tempo; os patrões logo vêem
quem trabalha com gosto e
não somente pelo salário.
E outros também o ajudarão a
galgar o cume do sucesso distante.
Terá riquezas e também fama, no futuro,
quem trabalha com disposição.

Felicidade e saúde mental

E o que dizer da felicidade e da paz de espírito, os maiores tesouros que podemos possuir? Existe alguma relação entre injunções, positividade e felicidade? Em caso afirmativo, podemos nos dar ordens para sermos felizes?

Muitos estudos demonstraram que pessoas positivas e felizes tendem a ter também uma boa saúde mental. Uma das principais características da boa saúde mental é a capacidade de ter pensamentos positivos a respeito de si mesmo, em vez de perder tempo ruminando os próprios defeitos.[9] Outro sinal de boa saúde mental é a capacidade de continuar se movendo em direção às metas que se tem na vida, apesar de todas as interrupções e obstáculos que os outros chamam de fracassos. A terceira característica é a capacidade de continuar apesar do que os outros possam estar dizendo a seu respeito (ou seja, você não precisa da aprovação ou do incentivo deles, você se impulsiona, você sabe o que quer e você o faz).

Positividade e felicidade são fios separados, mas tão entrelaçados que, para fins práticos, acabam sendo a mesma coisa.

A felicidade e o amor pelos outros

As pessoas que gostam de si mesmas não apenas têm mais probabilidade de ser mentalmente saudáveis, como também se mostram mais inclinadas a ver os outros numa perspectiva positiva, aproximando-se deles. Carl Rogers[10] e outros mostraram que a positividade dá origem a mais positividade, e que as pessoas positivas são mais aptas e propensas a ajudar os outros. Por outro lado, se você examinar cuidadosamente aqueles que ridicularizam ou desprezam seus semelhantes, você muitas vezes encontrará pessoas que sofrem de um grande sentimento de inferioridade, ou de terríveis sentimentos de ódio em relação a elas próprias.

A positividade e a felicidade são os primeiros passos, e o amor pelos outros é a conseqüência inevitável.

Felicidade e sucesso

O pensamento faz com que a maioria das coisas da vida sejam o que são. Não quero dizer com isto que podemos transformar um pedaço de chumbo em ouro pela força do nosso pensamento; este é um problema para os alquimistas. No entanto, podemos transformar nossas atitudes pesadas feito chumbo em verdadeiros diamantes cristalinos,

---

9. Jaboda, M: *Current Concepts of Positive Mental Health*, Basic Books, NY, 1958. E Diener, E: *Subjective Well-Being*, Psych. Bull, 95: 542-575, 1984.

10. Rogers, Carl L. *Client-Centered Therapy, Its Current Practice, Implications and Theory*. Houghton Mifflin, Boston, 1951.

apenas pela força dos nossos pensamentos. Assim como nossas atitudes se modificam, o mesmo ocorre com nossos pensamentos. E à medida que nossos pensamentos deixam de ser ruins para se transformar em bons, nossa saúde melhora, pois deixamos de encharcar nosso corpo com hormônios violentos e com outras substâncias produzidas pelo FUD, e por outras coisas negativas.

Estudos comprovaram que, por exemplo, alcoólatras que encaravam a vida em geral com mais otimismo tinham uma chance muito maior de se tornarem abstêmios, depois de tratamentos específicos, do que outros que eram pessimistas e que adotavam para si o esquema PNAN (Pensamento Negativo, Ação Negativa).[11] O simples otimismo, uma maneira de pensar, ajuda as pessoas a modificar completamente suas vidas, libertando-se do terrível tirano que é o vício. Acabar com um hábito profundamente enraizado não é uma tarefa fácil; para muitos, é a coisa mais difícil com a qual já depararam na vida.

Ficar feliz

A felicidade, a boa saúde mental e o amor pelos outros são coisas que estão relacionadas entre si. Mas como é que alguém deve agir para se tornar feliz? Os filósofos têm debatido o significado da felicidade há séculos, e os psicólogos discutem esses métodos há décadas. Eu concordo com o presidente Abraham Lincoln que, quando jovem, sofria de depressão. Ele observou que "uma pessoa é tão feliz quanto a sua mente".

Os pensamentos positivos são os precursores da felicidade, e a felicidade nos coloca no caminho de uma sólida saúde mental, do amor e do sucesso. De onde vem a felicidade? De dentro. Dos nossos pensamentos. Das Cinco Virtudes e de outros comandos positivos que instalamos em nossas mentes. Do nosso intenso desejo de sermos felizes.

RECEITA: EU COMANDO

Tive um paciente, um executivo chamado Theodore, que gostava de dar ordens. "Passo o dia inteiro escrevendo memorandos que são

11. Streak, S & Conye, JC: *Social Confirmation of Dysphoria: Shared and Private Reactions to Depression*. J. of Personality & Social Psych., 44: 798-806, 1983.

ordens para os meus funcionários", explicou ele. "Mas a pessoa para quem mais gosto de dar ordens sou eu mesmo."

Eu quis saber que ordens eram essas. "Basicamente, eu dou ordens a mim mesmo para ser feliz." Theodore tinha dentro da carteira um memorando endereçado a ele mesmo, que dizia mais ou menos o seguinte: "Sua principal tarefa hoje é lembrar que você é um bom homem, que você trata bem sua família e seus funcionários, e que você merece ser feliz. Siga estas instruções à risca."

Vamos todos fazer de conta que somos executivos habituados a escrever memorandos, e vamos transmitir ordens a nós mesmos. Pegue lápis e papel, anote seus comandos, as injunções positivas que possam servir de farol para sua vida.

O que você deve ordenar a si mesmo? Seja feliz, seja positivo, pense sempre o melhor possível de si mesmo e dos outros. Existem muitas variações deste tema. Eis aqui uma mostra, baseada num memorando que escrevi para mim: "Sua principal tarefa de hoje é ser feliz, porque existem muitos motivos para isso."

Minha ordem é simples, mas eficiente. Este memorando, esta injunção, ajuda a compensar outras injunções mais antigas e negativas. Eu leio minhas ordens todos os dias e sempre sei o que devo fazer.

Tenho também um outro "memorando", uma lista de ações práticas "externas" que posso realizar todos os dias. Não tenho certeza de onde veio esta lista, nem de quem a deu para mim, mas eu a obedeço da melhor maneira possível. Todos os dias procuro uma chance de:

1. *Apaziguar uma discussão.*
2. *Manter uma promessa.*
3. *Esquecer uma mágoa antiga.*
4. *Defender algo que julgo estar certo.*
5. *Agradecer a alguém.*
6. *Elogiar alguém.*
7. *Encorajar alguém.*
8. *Dizer a uma pessoa que a amo.*
9. *Manter contato com algum velho amigo.*
10. *Substituir uma suspeita que possa ter por uma manifestação de confiança.*

11. Cantar uma música alegre.
12. Reservar um minuto para pensar no quanto eu sou afortunado.
13. Sonhar um grande sonho.

Torne-se o seu próprio chefe. Diga a si mesmo exatamente *o que* você quer ser — uma pessoa positiva — e *como* você quer ser — feliz. Continue ouvindo a si mesmo. Associe seus pensamentos positivos a ações positivas. Logo você notará a diferença.

Uma injunção capaz de dar vida

Em nosso último livro,[12] contamos a história de um personagem chamado Doc Wiley que sabia tudo o que é possível saber sobre o poder dos pensamentos e das injunções. Ele sabia como juntar os pensamentos positivos com as ações positivas. É uma história que merece ser repetida.

Doc era um entregador de telegramas de Western Union: nada de especial. Mas ele acreditava que a principal função de sua vida era entregar um pouco de alegria e otimismo a todos. Ele andava sempre com o bolso cheio de pedaços de papel, nos quais havia escrito *slogans*. Palavras como: "Hoje é um grande dia!", ou "Mantenha a cabeça erguida!", ou ainda, "Engavete os seus problemas!" Sempre que entregava um telegrama, ele também enfiava a mão no bolso e dava a pessoa um dos seus *slogans*. Para Doc, cada dia era um grande dia, uma nova chance de difundir alegria.

Quando começou a Segunda Guerra Mundial, Doc tentou se alistar, mas não foi aceito; disseram que ele era velho demais para servir no exército. Então, apresentou-se para trabalhar como voluntário num hospital. E realmente trabalhou muito lá, carregando "comadres" vazias e cheias, empurrando macas e cadeiras com soldados feridos de um lado para o outro, fazendo tudo o que podia. Seus períodos de trabalho eram longos, e o trabalho era pesado, mas Doc não se importava. Era o seu jeito de servir a pátria.

12. *Making Miracles*. Rodale Press. Emmaus, Pennsylvania, 1989.

No entanto, ele sofria todas as vezes que precisava ajudar a transportar uma maca com algum paciente morto. Cada vez que isso acontecia, ele tinha vontade de chorar. Doc não queria que soldado algum morresse, nem um único sequer, mas o que podia fazer? Ele não era médico, não tinha habilidades especiais, nem conhecimento ou treinamento; ele era apenas um entregador de telegramas, que agora, além das mensagens, estava entregando cadáveres.

Ele teve uma idéia! As mensagens! Era o que Doc Wiley sabia fazer melhor, e era isso o que ele poderia fazer pelos soldados. Doc decidiu se lançar na tarefa com todas as suas forças.

Na manhã seguinte, quando os soldados da enfermaria de Doc acordaram, viram uma mensagem pintada na parede. Em letras enormes, estava escrito: "NINGUÉM MORRE NESTA ENFERMARIA." Apenas quatro palavras: "Ninguém morre nesta enfermaria." Quando os administradores do hospital foram informados disso, ficaram furiosos; eles queriam demitir Doc. Mas os médicos e as enfermeiras retrucaram: "Esperem um instante, não o demitam. Parece estranho, mas todos os soldados doentes e feridos estão sentados em suas camas. Eles estão rindo por causa do episódio, e estão fazendo apostas para ver quem viverá por mais tempo. A aparência deles está melhor. Deixem a mensagem na parede!"

"NINGUÉM MORRE NESTA ENFERMARIA." As quatro palavras continuaram na parede. E adivinhem o que aconteceu? Ninguém morreu. Havia algo de mágico nessas palavras. Cada novo soldado que chegava à enfermaria recebia uma preleção e a ordem de não morrer. Eles não *podiam* morrer, era proibido, pois se o fizessem estariam quebrando o encanto mágico.

O que começou como uma brincadeira para a maioria das pessoas acabou se transformando em algo extremamente sério. Todos sabiam que precisavam acreditar, que precisavam fazer com que essas palavras se tornassem verdade. Foi o que fizeram. O índice de mortalidade naquela enfermaria caiu muito. Os soldados chegavam com os mesmos problemas de antes, mas continuavam vivos.

Não era nada. Não era algo concreto. Eram apenas palavras, tinta espalhada na parede, mas era tudo: *era uma idéia*. Uma idéia que todos os homens doentes e feridos levavam em consideração. Os médicos e as enfermeiras também a levavam em consideração. Suas atitudes em relação aos pacientes mudaram — para melhor. Com todos acreditando que o melhor aconteceria, o melhor estava praticamente garantido. O pensamento ficou indelevelmente escrito na mente de todos, nos seus espíritos. A semente tinha sido plantada. E a semente vingou.

Eventualmente, alguém morria. As palavras de Doc — sua grande idéia — não eram capazes de salvar a vida de todos os soldados. Mas suas palavras continuavam sendo mágicas, pois os soldados nunca mais voltaram a morrer na mesma proporção de antes. Protegidos pela grande idéia de Doc, pelo seu comando, os soldados eram sempre mais saudáveis em sua enfermaria.

Eram meras palavras, mas eram exatamente o que eles mais necessitavam.

Exatamente o que *todos* nós necessitamos.

CAPÍTULO NOVE

NESTE MOMENTO...

"Um tempo para chorar, um tempo para rir;
um tempo para lamentar, um tempo para dançar."
— Eclesiastes 3:4

***OBSERVAÇÃO** — Algumas das histórias narradas neste livro envolvem a minha pessoa, outras, o meu filho Barry, outras ainda envolvem a ambos. Por motivo de conveniência, costumamos apresentá-las sempre pela minha voz. O episódio seguinte, no entanto, será contado com a voz de Barry, porque Marty era amigo dele.*

Na noite passada, assisti ao jornal da televisão. Houve a usual litania de desgraças, o avião acidentado em Idaho, a atriz assassinada em seu apartamento, o jogador de beisebol que cometeu suicídio. Houve também um item referente a um jovem ator de vinte e oito anos que tinha sido morto na noite anterior, um inocente transeunte que se transformou na vítima de um crime.

Parece que dois assaltantes armados haviam roubado um carro. A polícia começou a persegui-los, e logo em seguida todos estavam envolvidos numa desabalada corrida pelas ruas da cidade. Os assaltantes furaram um sinal vermelho, abalroando dois veículos. O primeiro ficou danificado, mas o motorista nada sofreu. O segundo capotou várias vezes e o motorista morreu. O locutor informou que os assaltantes, que foram presos, estavam sendo acusados de assassinato. Depois apareceu a foto do jovem que foi morto. Era um rapaz de aparência simpática, barba bem cuidada, um sorriso do tipo Peter Pan ("jamais pretendo crescer") em sua face, e olhos brilhantes.

Exatamente o mesmo tipo de notícia que eu já ouvira antes milhares de vezes; mais uma história sobre outra vítima do crime. Mas desta vez foi diferente, *muito* diferente. O homem que mataram era um amigo meu, Marty. Ao receber a notícia de sua morte, eu estava sentado na mesa da cozinha na casa de seus pais, a mesma mesa diante da qual eu tantas vezes sentara com Marty, para falar de garotas, filmes e de outras coisas que os rapazes comentam. Comigo naquela cozinha, ouvindo o noticiário, estavam os irmãos de Marty, um primo dele e outras pessoas que eu conhecia sei lá há quanto tempo; eu tinha a impressão de que conhecia todos desde sempre.

Conheci Marty e sua família quando ele tinha uns cinco anos de idade. Ele era um garotinho simpático, de olhos sorridentes que pareciam sempre estar dando as boas-vindas aos outros. Mas eu tinha nove anos, e Marty apenas cinco. O irmão mais velho dele e eu passávamos o dia brincando com nossas pistolas de água, fazendo o possível para ignorar o pirralho que queria nos acompanhar.

Tenho uma fotografia da festa dos meus treze anos. Ela mostra meus irmãos e amigos alinhados por ordem de altura ao meu lado. Marty está no fim da fila; apesar dos seus nove anos, continuava pequeno, quase como se ainda tivesse cinco anos.

Acompanhei Marty crescendo com o passar dos anos, encontrando-o em festas, casamentos, férias, enterros e outras ocasiões que reuniam todos os familiares e amigos. Sempre achei seus olhos muito expressivos. Dizem que os olhos de uma pessoa são os guardiães do segredo de sua alma, e que se você quiser conhecer realmente uma pessoa, deve olhar cuidadosamente nos seus olhos. Os olhos de Marty sorriam muito, davam as boas-vindas a todos, eles riam com a gente. Sempre gostei de ver seus olhos sorrindo para mim.

Perdemos contato durante algum tempo, quando fui estudar em outra cidade. Ao voltar para Los Angeles, encontrei Marty no ginásio esportivo. Ele tinha crescido tanto que quase não o reconheci. Mas os olhos, aqueles olhos sempre simpáticos, me revelaram quem ele era. Começamos a fazer ginástica juntos. No início, eu conseguia erguer pesos mais pesados do que ele, mas Marty era esforçado, e não demorou muito para que ele me fizesse passar vergonha. Seus olhos sempre mantinham uma expressão muito séria quando estávamos fazendo nossos exercícios. Depois, geralmente íamos almoçar. Ele então me contava sobre seus sonhos de se tornar um grande ator, e eu lhe confidenciava que queria ser um grande escritor. Ele me contava detalhes de suas aulas e dos testes que fazia para conseguir papéis. Eu lhe contava as histórias que estava escrevendo. Eu o encorajava, e ele era uma das poucas pessoas que levava meus sonhos a sério.

Mais tarde, ambos começamos a fazer caratê, apesar de termos adotado estilos diferentes em escolas diferentes. Nós nos encontrávamos para treinar. Então eu lhe mostrava como tinha aprendido a movimentar os pés, e ele, com muita seriedade, me explicava que aquele tipo de pontapé não funcionaria, que eu deveria fazer da forma como ele tinha aprendido. Depois ele me mostrava alguma coisa que tinha aprendido. Eu dizia que tudo estava errado, que ele tinha de fazer as coisas tal como eu as tinha aprendido. Discutíamos até chegar a hora de comer, e conversar sobre garotas, sobre interpretação e sobre a arte de escrever.

Alguns ferimentos me obrigaram a desistir do caratê e dos pesos; pouco tempo depois, me mudei para o norte da Califórnia, onde vivia no topo de uma colina, cercado por sequóias gigantescas, escrevendo minha obra-prima. Marty ficou em Los Angeles, fazendo cursos de interpretação e participando de testes para papéis, tentando "acontecer" no *show business*. De vez em quando, fazia alguns pequenos papéis, aqui ou ali.

Quando voltei para Los Angeles, Marty continuava profundamente envolvido, tanto com o caratê quanto com a interpretação. Ele tinha conseguido a faixa marrom, a segunda mais importante desse esporte, perdendo apenas para a faixa preta. Eu estava muito ocupado com meu trabalho, e por um motivo ou outro tínhamos perdido a intimidade que gozáramos em outros tempos. Continuávamos amigos, e continuávamos nos encontrando em festas, casamentos, férias e enterros. Ele ainda tinha os mesmos olhos simpáticos e risonhos. Continuava sendo muito brincalhão, e era amigo de todo mundo.

Eu não via Marty há alguns meses, desde o casamento do seu irmão. Quando minha mãe telefonou ontem pela manhã, para dizer que Marty fora morto, eu não quis pensar naquilo. Simplesmente voltei para a cama. Eu sabia que deveria ligar para os pais dele, o irmão, os primos, aquelas pessoas que eu conhecia há uma eternidade, mas não conseguia fazê-lo.

Fiquei furioso durante o dia inteiro. Furioso com o fato de meu amigo ter sido morto. Furioso por saber que seus assassinos não sentiam nenhum tipo de remorso. Furioso porque eles compareciam ao tribunal com seus advogados e diriam que não era por culpa deles que Marty estava morto. Eles responsabilizariam os policiais que os estavam perseguindo em alta velocidade. Eles responsabilizariam o carro que roubaram, e cujos freios não estavam em ordem. Responsabilizariam o governo municipal, porque havia um buraco na rua. Responsabilizariam todos, e diriam qualquer coisa para escapar da pena. Em momento algum eles se importariam com Marty.

Ouvimos o relato da morte de Marty todos juntos naquela cozinha: seus irmãos, seu primo, os outros e eu. Vimos seu carro capotado. Vimos o seu corpo no chão, com um lençol cobrindo-lhe a cabeça. Vimos seu rosto ocupando a tela da televisão. Vimos seus olhos risonhos.

Durante muito tempo, ficamos sentados em volta daquela mesa, conversando sobre as coisas boas que tivéramos com Marty, as coisas que fizéramos com ele. Eu lhes contei coisas que eles não sabiam a seu respeito, e eles me contaram coisas que eu não sabia. Quando saí de lá, já não me sentia furioso. Sentia-me simplesmente triste.

Marty será enterrado amanhã. Todos choraremos, e depois iremos até a casa dos pais dele. Vamos conversar ainda mais sobre ele, e isto fará com que nos sintamos um pouco melhor. Olharemos as fotos espalhadas pela casa, mostrando o pirralho que queria brincar com os grandes, o adolescente que sonhava em ser ator, o jovem adulto num estúdio de gravações, e também veremos suas fotos em festas, casamentos, férias e enterros, dos quais todos nós participamos, e vou olhar para aqueles seus olhos brilhantes, agora apagados para sempre, e me perguntar quanta luz sumiu também dos meus olhos.

Neste momento...

Esta não foi a primeira morte na vida de Barry, da mesma forma como ele não foi o primeiro a perder um amigo. Há doze anos — tanto tempo já? — minha filhinha, irmã de Barry, morreu, uma morte triste. Menos de um ano antes, minha mãe havia falecido. Desde então, outros se foram: garotos com os quais eu costumava brincar nas ruas, meninos que foram escoteiros comigo, colegas com os quais estudei, pais cujos filhos ajudei a criar, avós com os quais trocava fotografias. De algumas dessas pessoas eu gostava, outras eu amava profundamente. De algumas eu não me recordo muito bem. Outros estão presentes na minha lembrança com precisão fotográfica, apesar de já se terem passado quarenta, cinqüenta anos. Cada morte duplicou a escuridão, pois a luz em meus olhos se tornou mais fraca quando a luz dos olhos deles morreu.

Em dezembro de 1990, quando Barry e eu acabamos o primeiro esboço do primeiro capítulo deste livro, eu o mostrei ao meu bom amigo Stan. Stan é o pai de Marty. Ele se ofereceu para ler e criticar o texto, e por isso eu o entreguei a ele. Três dias mais tarde, recebi um curto bilhete de Stan, dizendo, em parte:

Arn,

Estou devolvendo o primeiro capítulo do seu manuscrito, mas tenho dificuldade em fazer quaisquer observações coerentes. Neste momento, não sou a pessoa indicada para fazer comentários objetivos.

Apesar das aparências e dos momentos realmente agradáveis que passamos juntos, não consigo me relacionar com nenhuma coisa "positiva" quando penso na nossa perda. Tenho até dificuldade em ler o material. É como perguntar a um amputado o que ele acha dos sapatos novos.

Eu sabia exatamente com Stan se sentia. No decorrer de um ano muito triste, eu perdera minha mãe, minha filha e um bom amigo, um homem que fora professor de todos os meus filhos. Meu pensamento positivo parecia me ironizar, rindo de mim e dizendo: "Sorria! O sol continua brilhando", enquanto eu via as pás de terra sendo jogadas nas sepulturas. Principalmente depois da morte de minha filha, o pensamento positivo parecia ser o mais cruel de todos os embustes. Nesse momento, eu só conseguia pensar em quem era o responsável. Nesse momento, descarregar a agressividade de certa forma conseguia proporcionar algum conforto, ao passo que olhar para dentro era algo aterrorizante em todos os sentidos.

Nesse momento, eu estava muito por baixo. A única coisa que conseguia fazer era olhar para o que eu tinha perdido. Passou-se um bom tempo até que eu pudesse aceitar os meus próprios conselhos e olhar para as coisas maravilhosas — minha família, meus amigos — que eu continuava tendo. Nesse momento, eu estava furioso e amargurado. Foi necessário um bom tempo para que eu compreendesse que esses sentimentos ruins acabariam não apenas com a minha saúde, provocando depressões cada vez maiores, como também, provavelmente, acabariam envenenando os bons relacionamentos que eu tinha.

Em certos momentos parece que temos pouco controle sobre nossos pensamentos, e nenhum desejo para controlar o que podia ser controlado. Existem outros momentos, também, em que o pensamento positivo fica muito longe da nossa mente. Vi e passei por esses momentos muitas vezes, observando famílias em torno de uma cama, tristemente esperando pela chegada da morte.

De que adiantam os pensamentos positivos quando perdemos uma pessoa amada? Os pensamentos positivos dela não a salvaram. Nossos pensamentos positivos não a mantiveram viva, e nem conseguem trazê-la de volta. Eu não vou lhe dizer que você precisa ter pensamentos positivos até no enterro de alguém amado. E não vou lhe dizer que, desde que você se esforce, você será capaz de escolher seus pensamentos, por piores que as situações possam ser. Eu não vou lhe dizer nada disso, porque não seria capaz de fazê-lo. No entanto, o que eu vou lhe dizer é que durante os períodos de dificuldade, o tempo é o melhor remédio. Falando como alguém que já perdeu pessoas muito queridas, e não como médico, posso lhe dizer que, embora a dor nunca seja completamente enterrada, o tempo diminui sua intensidade.

Nesse momento, quando a luz em seus olhos desaparecer, deixe que a pessoa amada e perdida brilhe dentro do seu coração como a luz de mil sóis.

Nesse momento, quando pensamentos positivos são como sapatos para quem não tem pernas, lembre-se que nunca estaremos sem as pessoas que amamos, porque elas vivem em nossos corações.

Nesse momento, quando a dor faz o tempo parar, saiba que o passar do tempo diminuirá a intensidade da dor; lentamente, talvez, mas com toda a certeza.

O germe chamado dor

No momento da dor, por que haveríamos de nos abrir para os pensamentos positivos?

Eu me lembro que, quando garoto, ouvia os "velhos" comentando entre si que fulana ou beltrana deveria voltar a ficar alegre, porque já tinha sofrido e ficado de luto durante um tempo mais do que suficiente. Se não abandonar sua dor, diziam eles, acabará ficando doente. Nas décadas de trinta e quarenta, antes de a medicina se tornar tão completamente moderna e científica, acreditávamos que era possível alguém "provocar" uma doença por causa da dor e do luto. Os médicos, principalmente os mais velhos, também acreditavam nisso. Mais tarde, na escola de medicina, aprendi que não existe um germe chamado "dor", de maneira que a dor não deixa ninguém doente. Felizmente, a ciência médica avançou o suficiente para poder começar a nos dizer algo que nossos avós sabiam muito bem: *Às vezes, a dor pode nos deixar doentes.* Ou seja, não é a dor propriamente dita que nos deixa doentes. Mas a dor, a solidão, a culpa e outros pensamentos infelizes, associados com a perda de uma pessoa amada, podem nos deixar mais vulneráveis perante uma doença, enfraquecendo nosso sistema imunológico.

Como qualquer outro pai, eu teria dado minha vida para salvar a vida de minha filha. Mas agora que ela deixou de viver, de nada adiantaria que a dor deixe de ser uma fase natural e se transforme num germe terrível. Na verdade, sucumbir à dor seria contraproducente, pois se eu morrer agora, ela morrerá outra vez, ela que vive amorosamente nas minhas lembranças. No seu momento de dor, viva por você mesmo, e também por eles.

Celebrações de vida

Nesse momento de dor, enquanto esperamos a vida de uma pessoa amada se esvair, ou enquanto nós mesmos nos preparamos para o último suspiro, por que haveríamos de nos abrir para pensamentos positivos?

Há milhares de anos, Moisés conduziu os Filhos de Israel para longe do cativeiro. Nos dias de hoje, os judeus comemoram o Êxodo durante as festas do Pessach, a Páscoa judaica. A celebração de oito dias começa quando a família se reúne para o Sader, ouvindo a mais jovem de todas as crianças formulando as Quatro Perguntas. Respondendo, o pai conta a história da salvação de um povo. Trata-se de uma festa rica em alegria e simbolismo, com todos os olhos voltados para o pai.

Atualmente, sabemos que essa alegre celebração é capaz de manter homens judeus vivos — por mais algum tempo, pelo menos. Em 1988, dois pesquisadores estudaram o índice de mortalidade de homens judeus no decorrer de um ano inteiro e constataram que o índice caía a níveis surpreendentemente inferiores ao esperado pouco antes do Pessach. Depois das festividades, o índice subia significativamente acima do esperado: o aumento depois do Pessach era idêntico à diminuição antes da festa. Em outras palavras, o índice de mortalidade dos homens judeus segue seu ritmo normal durante a maior parte do ano, cai consideravelmente pouco antes do Pessach, aumenta depois dele, e finalmente volta ao normal.

Os pesquisadores estudaram o Pessach porque ele é importante para o povo judeu, principalmente para os homens judeus. O Pessach é uma ocasião alegre, uma celebração familiar, centralizada em torno da figura paterna. As semanas que antecedem à festa são repletas de expectativa e de preparativos. Tendo algo para esperar no futuro próximo, algo para deixá-los animados, algo pelo qual vale a pena viver, alguns homens judeus vivem por mais tempo do que "deveriam", o tempo suficiente para celebrar a festa. Em comparação, não se constatou qualquer flutuação significativa no índice de mortalidade dos grupos de controle formados por não judeus.

O Pessach também foi sentido porque sua data cai todos os anos em dias ligeiramente diferentes. O fato de a festa se mover ao longo do calendário torna possível separar os efeitos benéficos do Pessach dos ciclos mensais regulares no índice de mortalidade.

Em 1990, resultados de um estudo semelhante foram publicados no *Journal of the American Medical Association.* Dessa vez os pesquisadores estudaram os índices de mortalidade de mulheres chinesas idosas, antes e depois da Festa da Colheita da Lua. As famílias chinesas sempre têm os homens como centro, mas a Festa da Colheita da Lua enfatiza em suas cerimônias as mulheres mais idosas. Tal como Pessach, esta festa não tem um dia fixo no ano, permitindo que os pesquisadores separem os efeitos da festa dos aumentos e reduções mensais normais na mortalidade.

Os resultados? O índice de mortalidade das mulheres chinesas idosas caiu abaixo do esperado pouco antes da festa, aumentou imediatamente depois dela, e depois voltou ao normal. O aumento depois da festa foi, mais ou menos, equivalente à diminuição dela. Esse estudo, usando uma festa diferente, na outra época do ano, outro sexo e um grupo genético diferente, confirmou as conclusões anteriores: *Se temos algo pelo qual possamos esperar, algo que seja muito valioso para nós, algo que nos dê valor, podemos adiar a data de nossa morte.* De fato, algumas evidências preliminares sugerem que esperar por um aniversário ou por algum outro evento pessoalmente significativo pode servir para adiar a morte.

Dançarei no casamento dela

Numa nota mais pessoal, Eleanor, uma mulher que minha esposa, Hannah, e eu conhecíamos desde os tempos de adolescência, estava tomada por um câncer fatal. Entrando e saindo de hospitais, Eleanor sempre dizia para minha mulher que queria viver o suficiente para dançar no casamento de nossa filha Barbara. Seu câncer piorava dia a dia. Na mesma medida aumentava também sua determinação em dançar no casamento da nossa filha. O corpo robusto de Eleanor foi ficando cada vez mais frágil por causa da doença — e também da “cura”. Os cabelos caíram, apareceram feridas no corpo. Mas naquele dia, de felicidade para todos, Eleanor dançou no casamento da nossa filha. Era evidente que estava muito doente; a maquilagem e a peruca não conseguiam disfarçar seu estado, mas lá estava ela, vestida a rigor, dançando no casamento da nossa filha.

A tristeza é capaz de enfraquecer nosso sistema imunológico, ao mesmo tempo que a antecipação de algo feliz pode nos manter vivos durante mais algum tempo; dois bons motivos para nos abrirmos para os pensamentos positivos, até mesmo nos momentos de maior tristeza. Não devemos nos forçar a coisa alguma, não devemos fazer de conta que sentimos uma felicidade que não existe. Não devemos ignorar o processo natural do luto e da dor; simplesmente devemos procurar nos abrir aos pensamentos positivos. Em tempo de tristeza, mantenha os canais abertos.

O mais triste dos tempos, o mais feliz dos tempos

Em tempo de tristeza, enquanto aguardamos a morte de uma pessoa amada, ou quando nós mesmos estamos nos preparando para o último suspiro, por que haveríamos de nos abrir a pensamentos positivos?

Anos atrás, quando meus filhos eram pequenos, fui chamado várias vezes para atender um homem idoso, em sua pequena e mal cuidada casa em Los Angeles. Apesar de ele sofrer de sérios distúrbios renais e de vários outros problemas, apesar de estar enfraquecido e sentir muitas dores, ele era um homem alegre. E sua família procurava focalizar os aspectos positivos, mesmo não sabendo de onde viria o dinheiro para pagar o próximo aluguel, mesmo com todos sabendo que o pai e avô dele estava para morrer. Não estou querendo dizer que eles não estavam tristes com isto, ou que não gostavam dele; no entanto, mesmo nestas condições difíceis, eles procuravam focalizar, na medida do possível, as coisas positivas.

Muitas vezes visitei casas de pessoas que estavam morrendo. Invariavelmente, são casas escuras e silenciosas, com um peso quase palpável no ar. Esta casa, porém, era barulhenta, com crianças correndo de um lado para outro, até mesmo brincando na sala em que o velho homem estava desconfortavelmente instalado numa poltrona.

Não perguntei, mas uma das mulheres me explicou que ele gostava de ver as crianças brincando. “Ele veio para este país para que seus filhos e netos pudessem ter uma vida melhor”, disse ela. “Existe outra maneira de melhorar seus últimos dias, além de permitir que ele veja que seus netos são livres, felizes e que brincam muito?” O próprio doente concordou com sua filha: “Eu sei que estou morrendo, mas posso morrer sorrindo, vendo as crianças brincar.”

Naqueles tempos, ninguém tinha a menor idéia do que podia ser a psiconeuroimunologia, ou seja, a conexão entre a mente e o corpo. Nós mal sabíamos da existência do sistema imunológico. Mas era evidente que, mesmo que a alegria não servisse para prolongar a vida desse homem, ela certamente melhorava e enriquecia os dias que lhe restavam. Em tempo de tristeza, ela ajuda a tornar os últimos dias de uma pessoa amada mais felizes. Tão felizes quanto possível.

Os pensamentos positivos não são uma panacéia, um remédio para todos os males. Como todos os remédios, eles também têm suas limitações. Mas os pensamentos positivos para os que sofrem não são como os sapatos para os amputados. Pelo contrário, eles são como os sapatos para os que estão cansados. Em algum momento, não agora, mas em algum outro momento, voltaremos a calçá-los e a caminhar novamente.

RECEITA: NESTE MOMENTO...

A luz sempre brilha na escuridão, até mesmo na escuridão provocada pela morte de uma pessoa amada. Nesse momento, quando extravasar a agressividade parece ser menos incômodo do que olhar para dentro, quando sentimos que a terrível escuridão nos olhos da pessoa morta roubou a nossa luz, vamos erguer os olhos em direção à luz. Não podemos forçar nossos olhos a brilhar com uma alegria, com uma felicidade que não sentimos, mas podemos olhar em direção à luz. Sempre podemos olhar para ela, por mais distante que ela pareça estar.

Acenda uma vela. Coloque as mãos ao lado da chama, suficientemente perto para sentir um pouco de calor (mas não se aproxime demais). Note que as palmas de suas mãos, voltadas para a chama, ficam iluminadas. É como se você estivesse segurado o calor da vida em suas mãos. Olhe bem para suas mãos cheias de luz, e diga as seguintes palavras:

Neste momento,
Em que a melancolia parece cobrir minha alma
Em que a dor estrangula minha alegria,
Em que a escuridão dobra a cada dia,

Neste momento,
Em que os olhos do meu coração vêem apenas trevas,
Em que os ouvidos da minha alma ouvem apenas tristezas,
Em que a palavra do meu espírito só contém amargura,

Neste momento,
Abro meus ouvidos para os sons da alegria.
Estendo os braços para a alegria do amor.
Volto meus olhos para o amor da luz.
Preparo meu coração para a luz do amor.

***Neste momento,** segurando nas mãos esta luz do amor,*
Volto-me para o futuro,
Iluminado pela luz do amor do passado.

Leve alegria para os vivos

Neste momento, quando nos perguntamos o que é a felicidade, e se voltaremos a senti-la algum dia, o que podemos fazer? O que podemos fazer, principalmente quando nossa tristeza está misturada com medo e culpa?

Em um dos nossos livros anteriores, Barry e eu escrevemos sobre uma visita que fiz ao cemitério para ver os túmulos de meus pais, de minha filha, de Eleanor e de outra pessoa muito amiga:

> *"Como é meu costume fazer, estacionei o carro ao pé da colina e subi a pé, visitando um túmulo de cada vez, lembrando de cada um dos mortos e da alegria que eles trouxeram ao mundo — a alegria que trouxeram para mim.*
>
> *Geralmente saio do cemitério me sentindo bem, e não o contrário, porque a constatação da morte de pessoas que tanto significaram para mim é mais do que compensada pelas lembranças do amor e dos bons tempos que compartilhamos. Nesse dia, porém, eu estava me sentindo péssimo quando voltei para o carro.*
>
> *Eu não queria dirigir naquele estado, então fiquei sentado no carro, pensando nos bons momentos que compartilhara com cada um dos meus mortos. Pensar em coisas boas é uma excelente ma-*

neira de se expulsar as coisas ruins da mente, mas naquele dia o truque não funcionou. Por algum motivo qualquer, eu não conseguia espantar a tristeza.

Eu me recusava a deixar o local com aquela sensação de infelicidade, de modo que comprei um estojo para limpar ornamentos de metal, na loja do cemitério, e voltei a subir a colina. Poli todas as placas dos meus mortos, uma por uma, relembrando outra vez os bons momentos que passara com cada um deles.

Assim, senti que tinha feito algo de positivo pelos meus entes queridos. Eu me senti bem, e pude dar continuidade às atividades do dia.

Por que eu estava me sentindo tão mal nesse dia? Porque tinha medo de enfrentar o futuro sem aquelas excelentes pessoas a meu lado. Porque tinha medo de vivenciar outra vez a morte de uma pessoa amada. Mais do que isso, no entanto, bem mais do que isso tudo, o motivo era que eu estava me sentindo culpado. Que outras coisas eu poderia ter feito por elas enquanto estavam vivas? O que poderia ter feito para enriquecer sua vidas? Que coisas eu tinha dito a elas em momentos de irritação, ou por me sentir frustrado? Quantas vezes estive tão envolvido com meus próprios assuntos que não dei a devida atenção aos sentimentos e necessidades deles?

Com medo de encarar o futuro, culpado demais para relembrar o passado, eu me vi preso a um presente triste e desconfortável, sentindo medo e, principalmente, culpa. A culpa é uma emoção muito forte, uma emoção nociva que acaba com nossa paz de espírito, e que, atuando através da mente, influencia também o corpo. O que podemos fazer para nos proteger? Que medidas podemos tomar para aliviar a sensação de culpa?

Obviamente, não podemos consertar as coisas com os mortos, mas podemos fazer algo pelos vivos. Todas as coisas boas que você gostaria de ter feito pelos mortos, faça-as para os vivos. Todas as alegrias que você gostaria de ter dado a eles, dê aos vivos. Todas as coisas boas que você gostaria de ter dito a eles, diga-as aos vivos. E todo o amor que você continua tendo pelos mortos, dê-o aos vivos. Dê tudo isto e mais ainda.

Diga às pessoas amadas — a esposa, o companheiro, os filhos, os pais, os amigos — que você as ama. Diga-lhes isto hoje, amanhã e todos os dias — em palavras e ações.

Lembre-se de olhá-las nos olhos quando lhes disser que as ama. Toque nelas fisicamente. Segure suas mãos, coloque a mão em seus ombros, abrace-as. Deixe que elas sintam o calor do seu amor.

Não tenha medo de dar o seu amor. O amor não é limitado, como o dinheiro numa conta bancária. O amor é infinito. Quanto mais você der, tanto mais terá. Veja: Você é feliz quando ama. Esta felicidade estimula a liberação de endorfinas e de outras substâncias bioquímicas que, nas quantidades corretas, o deixam de melhor humor. A felicidade, a sensação agradável que resulta disso, ajuda a reduzir a solidão, o medo a culpa e outros sentimentos negativos. Quando você ama, e quando dá o seu amor, você se coloca numa posição de retorno positivo, que acaba beneficiando a todos.

Parece que me deixei levar para longe, para algum lugar muito distante da culpa que senti aquele dia no cemitério. Mas não é verdade. Eu me sentia culpado por não ter certeza de ter feito todo o possível para expressar o meu amor por aquelas pessoas quando elas ainda estavam vivas. Eu estava me perguntando quem mais poderia morrer antes que eu tivesse a oportunidade de lhe demonstrar o meu amor. Por quem mais eu iria me sentir culpado?

Nesse dia, resolvi que jamais voltaria a sentir culpa outra vez, pois iria dizer a todos os que amo que os amo, em palavras e ações, hoje, amanhã e todos os dias, pelo resto da minha vida.

Portanto, ame os vivos. Honre os vivos, cuide bem deles, dê alegria a eles, e você nunca sentirá a culpa que eu senti aquele dia no cemitério.

Sim, dê alegria aos vivos. Dê alegria às pessoas vivas que você ama. Agora, avance mais um passo, e dê alegria às pessoas que não conhece. Como? Existem muitas maneiras. Os pais de Marty ingressaram nos *The Compassionate Friends*, uma organização freqüentada por pais que perderam filhos. Eles ingressaram lá à procura de ajuda, mas perceberam que eles mesmos estavam dando consolo a outros pais igualmente arrasados. Pelo simples fato de estarem lá, eles mostravam aos outros que ninguém fica sozinho na dor. Pelo simples fato de estarem lá, podiam transmitir aos outros que eles *realmente* sabiam como eles se sentiam. Pelo simples fato de estarem lá, deram aos outros a oportunidade de poderem chorar sem sentir vergonha, e de poderem rir sem sentir culpa. Pelo simples fato de estarem lá, levaram alegria a pessoas vivas, pessoas que tinham acabado de conhecer. Existe maneira melhor de se homenagear a memória de alguém do que levando alegria aos vivos? Não é preciso dispor de nenhum conhecimento ou habilidade especial — basta estar lá, presente para os outros.

Todos podemos homenagear a memória das pessoas queridas que se foram dando alegria aos vivos. Ou então podemos trabalhar para impedir que outros morram como eles. Meu caçula, Bruce, tinha combinado com Adam, um amigo, de irem de carro para o norte da Califórnia assistir a um concerto. Por algum motivo, Bruce não foi. O carro de Adam foi abalroado por um motorista bêbado, e Adam morreu. Quando uma pessoa querida é morta num acidente provocado por um motorista bêbado, você pode ingressar na *Mother's Against Drunk Driving (MADD)*, e bombardear seus representantes no Congresso exigindo leis mais severas, além de fazer palestras em organizações cívicas e escolas. Se, como aconteceu com milhões de outros, você perdeu alguém devido a um ataque cardíaco, participe de uma cruzada por melhores hábitos alimentares. Nós já sabemos como eliminar a maioria das doenças cardíacas, de forma que você pode se empenhar para difundir esses conhecimentos e manter mais pessoas vivas por mais tempo. Se você perdeu alguém que era fumante e morreu de câncer nos pulmões, reclame com seus representantes no Congresso sempre que eles aprovarem algum incentivo para a indústria do tabaco. Dificulte a vida dessas empresas. Faça palestras em escolas primárias. Convença uma criança a não começar a fumar. Homenageie o seu morto mantendo outra pessoa viva — mesmo nunca sabendo quem essa outra pessoa possa ser.

Alivie a dor de outra pessoa salvando uma vida. E, ao levar alegria aos vivos, lembre-se de um fato muito importante: você também está entre os vivos. Leve alegria aos vivos e a si mesmo, lembrando-se de toda a alegria e de todo o amor que você, em outros tempos, compartilhou com a pessoa amada que já morreu. Não; desconsidere a última frase. Nós não compartilhamos *em outros tempos* alegria e amor com nossos bem-amados, porque o amor e a alegria continuam existindo em nossos corações. E, enquanto chorarmos a sua ausência, o que é natural, não vamos desviar os olhos interiores desse amor e dessa alegria presentes para sempre nos nossos corações. Vamos nos lembrar desse amor, todos os dias, apesar das lágrimas. Não devemos trancar as boas lembranças só porque elas estão acompanhadas por coisas tristes.

Como curar o buraco no coração

Miriam, a mãe de Marty, escreveu uma carta ao juiz que iria dar a sentença para os assaltantes que mataram seu filho. Descrevendo o grande amor que tinha pelo filho que perdera, ela disse que se sentia como se um buraco tivesse sido aberto em seu coração, como se sua alma tivesse sido rasgada ao meio. Ela também escreveu que Marty sempre "dera às pessoas a esperança de que as coisas podiam melhorar, e que isso poderia acontecer amanhã".

Não existem amanhãs para os mortos, mas nós que continuamos vivos podemos nos consolar com o fato de que o tempo diminui a intensidade da dor. Marty sabia que sempre existe um amanhã. Mesmo quando choramos as pessoas amadas que morreram, devemos olhar para o amanhã.

CAPÍTULO DEZ

O COMEÇO

"A felicidade depende de nós."

— Aristóteles

Cientistas da Universidade Vanderbilt e do Instituto Weissmann de Ciência, de Israel, publicaram um estudo propondo uma nova teoria. Eles dizem que o óvulo humano emite um sinal, quando está pronto para ser fertilizado. Depois de receber o sinal os espermatozóides que estavam aguardando pacientemente em "áreas de espera", continuam sua corrida em direção ao óvulo.

Se isso for verdade, significa que uma de nossas primeiras ações, antes mesmo da vida, é a de emitir um sinal, especificando o que desejamos. Nossa vida tem início porque agimos no sentido de obter algo que queremos. Infelizmente, muitos de nós perdem esse hábito de informar ao mundo o que desejam, sabendo que assim irão obtê-lo. Muitos de nós se mostram satisfeitos em aceitar o que nos é dado, sempre na esperança de que isso não seja tão ruim quanto tememos que possa ser.

Vamos voltar ao começo, vamos readotar o hábito de dizer ao mundo o que queremos. No entanto, antes de fazermos isto, precisamos dizer a nós mesmos que merecemos todas as coisas boas que queremos, sabendo, no fundo dos nossos corações, que somos pessoas boas e capazes. Não perfeitas, nem infalíveis, pois somos humanos, mas boas, capazes e, principalmente, merecedoras.

Precisamos acreditar nisto tudo. Como clínico geral e cardiologista, já vi mais sofrimentos do que consigo lembrar; e como cientista treinado para identificar e destruir doenças, posso afirmar de todo o coração que a falta de "coração" é a maior doença da nossa época. A falta de confiança em nós mesmos, na nossa bondade, na nossa capacidade e no nosso valor, deixa mais pessoas abaladas do que qualquer doença que eu conheça. Mas a cura se encontra no mesmo lugar onde está a doença: nos nossos pensamentos, na nossas ações, no nosso espírito, no nosso "coração". *Podemos* ser felizes, deste que façamos essa escolha. *Podemos* nos colocar no caminho rumo ao sucesso, desde que façamos essa escolha. Cabe apenas a nós fazer essa escolha.

Eu sempre digo isto a quase todos os que encontro. Muitos se mostram incrédulos. "Você está querendo dizer que basta eu querer para ser feliz?", perguntam-me espantados.

"Não é apenas isso, mas isso é o começo", respondo. Os pensamentos positivos associados às ações positivas são a chave para quase tudo na vida. Desenvolva esta crença, e depois aja em função da crença de que você é uma pessoa boa, que merece sempre o que existe de melhor."

"Vamos voltar ao começo", digo-lhes eu. "Voltar à primeira coisa que fizemos. Vamos enviar uma mensagem. Vamos dizer claramente o que queremos."

Algumas pessoas pensam que sou maluco, mas outros entendem o espírito da coisa. Eles se juntam a mim, e repetem em voz alta: "Eu quero a felicidade! Eu quero a paz de espírito! Eu quero o sucesso!"

E sabe de uma coisa? *Isso realmente funciona!* Se eu fosse capaz de embalar isso e vender apenas como receita médica, eu faria uma fortuna. Sim, claro, existem vírus e bactérias que atacam o corpo, e alguns deles são bastante sérios. Sim, sofremos ferimentos que nos machucam consideravelmente. Sim, temos pouco ou nenhum controle sobre determinadas coisas na vida. Mas dispomos da cura contra os "germes do pensamento" que atacam a nossa mente. Não precisamos deixar que os ferimentos do corpo arruínem a nossa felicidade. E se não podemos mudar a vida, podemos mudar nossas atitudes em relação ao que acontece conosco. *É aí* que se encontra o nosso grande poder — na nossa mente.

Uma curta observação

... referente à negatividade. Muitas pessoas costumam revelar aos seus médicos coisas que jamais diriam a qualquer outra pessoa. Eu sempre ouço muitas destas "confissões", e também muitos "porquês". Estes "porquês" são as razões que as pessoas fornecem para explicar por que têm ou não sucesso, por que são ricas ou não, por que são felizes ou não, por que são casadas ou não, e assim por diante. Eu diria que setenta a oitenta por cento dos "porquês" que ouço são negativos: "Eu não consegui o que queria porque alguém me roubou essa oportunidade." "Meus pais não permitiram que eu fizesse o que queria." "Os asiáticos/mexicanos/negros/brancos/moradores locais/imigrantes/ ficam com todos os empregos melhores." "O governador Fulano de Tal aprovou uma lei que impede o crescimento de gente como eu."

Fico arrepiado quando ouço a ladainha dos "porquês" negativos, sempre declamada com muito fervor e sentimento. Adote o presidente Abraham Lincoln como modelo, é o que recomendo a estas pessoas, e procuro me lembrar constantemente que:

Não é possível curar a pobreza acabando com os ricos.
Não é possível terminar com a tristeza falando mal dos felizes.
Não é possível fortalecer a vontade própria denegrindo os fortes.
Não é possível aprender insultando os sábios.
Não é possível crescer derrubando os outros.
Os pensamentos negativos são correntes que nos atam ao solo.
Os pensamentos positivos são como uma luz, que nos leva para a frente.

A fórmula PNAN (pensamentos negativos, ações negativas) equivale a um convite aos sofrimentos psíquicos, às doenças físicas e a desastres em todos os aspectos da vida. A cada dia existem mais e mais evidências dos perigos da fórmula PNAN. A alternativa PPAP (pensamentos positivos, ações positivas) sempre é a melhor forma de se encarar a vida.

UM RESUMO MUITO PRÁTICO

"O começo é a metade de qualquer ação."

— Provérbio grego

Barry e eu costumamos encerrar nossos seminários com o que chamamos de "Resumo Muito Prático". Acredito que ele tenha escolhido este nome porque eu sempre me esqueço do que quero dizer e acabo dizendo o que ele iria dizer, o que lhe deixa na difícil situação de tentar descobrir o que eu iria falar em seguida.

Dizemos ao público que as pessoas realmente fracassadas na vida são as que têm a melhor memória. Elas se lembram de todas as pequenas mágoas e dos menores problemas. Os perdedores do mundo sabem exatamente o que não gostam de fazer. Os vencedores descobriram o que gostam, e saem em campo para fazê-lo. Os vencedores se concentram em percorrer seus próprios caminhos.

Falando de vencedores, existe o caso de um homem que foi a um restaurante de frutos do mar e declarou ao garçom: "Eu adoro lagosta. Quero a maior lagosta que houver."

O garçom anotou o pedido e voltou com uma grande lagosta, mas que estava sem uma das patas.

O homem reclamou: "Garçom, está faltando uma pata desta lagosta! Como se explica isto?"

O garçom respondeu: "É que esta lagosta se envolveu numa briga."

Irritado, o homem disse: "Pois eu não quero uma lagosta perdedora. Traga-me a que ganhou a briga!"

As pessoas bem-sucedidas muitas vezes fracassam miseravelmente antes de dar certo. O que é o sucesso? Sucesso é a concretização progressiva em direção a uma meta previamente determinada e que valha a pena alcançar. Em outras palavras, o sucesso simplesmente consiste em encontrar uma meta e em trabalhar para alcançá-la. E, falando de metas, nosso filósofo predileto, Yogi Berra, disse: *"Se você não souber para onde está indo, acabará chegando a outro lugar."* E outra pessoa, igualmente sábia, afirmou: *"Se você não souber para onde está indo, como vai saber que chegou lá?"*

Existem muitas pessoas por aí esperando que seus navios atraquem num porto — mas sem jamais enviar navio algum em direção ao mar. Além disso, melhor seria dizer que elas estão esperando num aeroporto. Mas a pessoa PPAP, a pessoa de pensamentos positivos e ações positivas, sabe que devemos sempre acoplar nossos bons pensamentos a boas ações. A pessoa PPAP envia seus navios para o mar, na expectativa de aventuras.

O que devemos fazer para alcançar nossas metas? Em primeiro lugar, existe a crença, a fé. As Escrituras nos dizem: *"Quaisquer coisas que você deseje quando rezar, acredite que as receberá e elas serão suas."*

Na verdade, esta passagem é a respeito de pensamentos, afirmações e injunções positivas. As afirmações, sem a menor dúvida, são um dos elementos mais importantes que você pode usar para modificar sua vida. As idéias e palavras que transitam pela nossa mente são muito importantes. Na maioria das vezes, não nos conscientizamos desse fluxo de pensamentos; no entanto, mesmo assim, o que ficamos "dizendo a nós mesmos" mentalmente é a base a partir da qual formamos a nossa experiência com a realidade — a maneira como vemos o nosso mundo. Em outras palavras, nós realmente lidamos com as outras pessoas, não de acordo com o que elas nos dizem, mas de acordo com o que nós mesmos nos dizemos.

Portanto, se modificarmos nossas percepções, milagres podem acontecer. Podemos modificar nossas vidas. As Escrituras nos dizem que o olho é a lâmpada do corpo. Portanto, se o nosso olho estiver bom, todo o nosso ser ficará cheio de luz. Mas se o olho não estiver bom, todo o nosso ser estará cheio de escuridão. Uma perspectiva negativa da vida dá chance às trevas da doença, da depressão e da morte. Por outro lado, uma perspectiva positiva de vida acaba sempre atraindo uma grande quantidade de luz, trazendo consigo saúde, felicidade e sucesso.

Em outras palavras, deveríamos dar à nossa mente uma poderosa idéia, e depois agir em função desse pensamento. Se for necessário, podemos agir, ou seja, adotar uma ação "interior" para ajudar a criar a crença. Nossas mentes irão reagir, se lhes dermos uma chance.

Uma melhor sintonia espiritual

Os médicos não conseguem curar noventa por cento de nossas moléstias, porque elas são problemas da "doença do pensamento", da psiconeuroimunologia, problemas que começam com nossos pensamentos negativos e com nossas ações negativas. A cura está em dar a nós mesmos uma melhor sintonia espiritual. Como qualquer outro motor, o motor humano precisa ser mantido em condições que lhe permita funcionar sem maiores problemas. E como podemos fazer isto? Com uma boa alimentação, com bons exercícios, com um bom estilo de vida e com bons pensamentos.

Precisamos substituir cada pensamento fraco por outro mais forte; cada pensamento negativo por outro positivo; cada pensamento de ódio por outro de amor; e cada pensamento de tristeza por outro de alegria.

Será que nossos pensamentos realmente são tão importantes assim? Bem, nossos pensamentos se transformam em palavras, as palavras em ações, as ações em hábitos e os hábitos formam o nosso caráter. Dos pensamentos ao caráter, dos pensamentos à bioquímica, dos pensamentos à saúde ou à doença, os caminhos são muito claros.

O imperador romano Marco Aurélio escreveu: *"A vida de um homem é aquilo que seus pensamentos fizeram dela."*

E no Evangelho segundo São Mateus encontramos o seguinte versículo: *"De acordo com sua fé é que as coisas são feitas a você."* De acordo com sua fé em quê? Sua fé em si mesmo. As pessoas sempre irão tratar você do modo como você trata a si mesmo.

Ralph Waldo Emerson, cujos grandes ensaios modificaram para melhor a vida de muita gente, conseguiu chegar ao âmago da questão quando disse: *"Uma pessoa é exatamente aquilo que pensa durante o dia inteiro."*

Maxwell Maltz, o cirurgião plástico que se tornou filósofo, e que constatou que a reforma do nariz ou da pele de uma pessoa não a deixa mais feliz caso ela se sinta feia por dentro, disse: *"Se você mantiver na mente sua meta positiva e pensar nela em termos de fato inabalável, você vivenciará sentimentos vencedores."*

E Napolean Hill resumiu tudo isto quando declarou: *"Qualquer coisa que a mente humana possa conceber e acreditar, ela também pode conseguir."*

Na Carta aos Filipenses, encontramos o seguinte trecho:

"Tudo o que há de verdadeiro, digno, justo, puro, amável, honesto, tudo o que é virtuoso e elogiável, seja o objeto dos vossos pensamentos."

Pense em todas essas coisas positivas. Diga essas coisas, veja essas coisas, sinta como elas se tornam verdadeiras na sua mente. Pense no entusiasmo, na fé, no amor, no perdão, na perseverança e em todos os outros grandes pensamentos. Pense nos pensamentos positivos, e sonhe com as grandes ações positivas que irá realizar. Pense nessas coisas, e faça sua vida ser exatamente o que você quer que ela seja.

Pense em qualquer coisa que seja positiva. E, depois, entre em ação.

SUGESTÕES DE LEITURA

Indicamos em seguida uma breve lista do nosso material predileto de leitura. Na sua maioria, são livros inspiracionais, embora alguns deles sejam um tanto técnicos. Estas não são as únicas obras de boa qualidade que tratam da conexão entre a mente e o corpo, e também não concordamos necessariamente com tudo o que seus autores afirmam. Algumas dessas obras são antigas, outras são recentes. Elas não cobrem todos os aspectos do ir além do pensamento positivo, mas com toda a certeza servirão para colocar você no caminho de uma jornada muito excitante.

Benson, Herbert. *The Mind/Body Effect.* Simon and Schuster, NY, 1979.

Cannon, Walter. *Body Changes in Pain Hunger, Fear and Rage.* W. W. Norton, NY, 1963.

Carnegie, Dale. *How to Stop Worrying and Start Living.* Pocket Books, NY, 1985.

Cousins, Norman. *Anatomy of an Illness.* W. W. Norton, NY, 1979.

Fox, A. e Fox, B. *Immune For Life.* Prima Publications.

Fox, A. e Fox, B. *Making Miracles.* Emmaus, PA, 1990.

Fox, A. e Fox, B. *Wake Up! You're Alive.* Health Communications, Deerfield Beach, FL, 1988.

Hay, Louise L. *You Can Heal Your Life.* Hay House, Carson, CA, 1984.

Mandino, Og, org. *A Treasury of Success Unlimited.* Pocket Books, NY, 1976.

Peale, Norman Vincent. *Enthusiasm Makes the Difference.* Fawcett Crest, NY, 1977. [*O Poder do Entusiasmo*, publicado pela Editora Cultrix, São Paulo, 1969.]

Peale, Norman Vincent. *The Power of Positive Thinking*. Fawcett Crest, NY, 1975. [*O Poder do Pensamento Positivo*, publicado pela Editora Cultrix, São Paulo, 1983.]

Peale, Norman Vincent. *The Tough Minded Optimist.* Fawcett Crest, NY, 1961. [*O Poder do Otimismo*, publicado pela Editora Cultrix, São Paulo, 1967].

Pelletier, Kenneth R. *Mind as Healer, Mind as Slayer.* Delta Books, NY, 1977.

Restak, Richard M. *The Mind.* Bantam Books, NY, 1988.

Schuller, Robert H. *Tough Times Never Last, But Tough People Do.* Bantam Books, NY, 1983.

Selye, Hans. *Stress Without Distress.* New American Library, NY, 1974.

Selye, Hans, *The Stress of Life.* McGraw-Hill, NY, 1956.

Siegel, Bernie S. *Love, Medicine and Miracles.* Harper and Row, NY, 1986.

Walsh, James J. *Laughter and Health.* Appleton and Co., NY, 1928.

O PODER DO PENSAMENTO POSITIVO

NORMAN VINCENT PEALE

Eis alguns capítulos deste livro: *Tenha Confiança em Si Mesmo — O Espírito Tranqüilo Gera Energias — Como ter Constante Energia — Recorra ao Poder da Oração — Como Criar a Sua Própria Felicidade — Acabe com a Exaltação e Agitação — Espere Sempre o Melhor e Consiga-o — Não Acredito em Fracassos — Como acabar com as Preocupações — Como Solver os Problemas Pessoais — Como Empregar a Fé na Cura — Quando a Vitalidade Estiver em Declínio, Experimente esta Fórmula de Saúde — O Influxo de Novos Pensamentos Poderá Fazer de Você um Novo Homem — Acalme-se para que Possa Adquirir Facilmente Novas Fôrças — Como Fazer as Pessoas Gostarem de Você — Receita para a Amargura — Como Recorrer ao Poder Supremo — Epílogo.*

Norman Vincent Peale é professor do "New York's Marble Collegiate Church", de Nova Iorque. Considerado na América do Norte como o ministro dos "milhões de ouvintes" e como doutor em "terapêutica espiritual", tornou-se popular através de sua colaboração na imprensa, rádio e televisão e pelos admiráveis volumes em que vem reunindo o melhor de sua constante pregação, particularmente aquela que desde 1937 mantém num dos mais ouvidos programas radiofônicos dos Estados Unidos. Milhares de consultas chegam-lhe diariamente de todos os recantos do mundo. E milhões de pessoas já lhe agradeceram os conselhos e sugestões que as levaram a reencontrar a felicidade perdida.

★

MENSAGENS PARA A VIDA DIÁRIA

NORMAN VINCENT PEALE

Um livro absorvente e inspirador, que propicia respostas práticas e realistas para as centenas de problemas com que nos defrontamos quotidianamente, ano após ano. Problemas de diversa ordem, que afetam as nossas relações familiares, comerciais e sociais, e que ocasionam toda uma enorme série de dificuldades e dores de cabeça.

Norman Vincent Peale é professor do "New York's Marble Collegiate Church", de Nova Iorque. Considerado na América do Norte como o ministro dos "milhões de ouvintes" e como doutor em "terapêutica espiritual", tornou-se popular através de sua colaboração na imprensa, rádio e televisão e pelos admiráveis volumes em que vem reunindo o melhor da sua constante pregação, particularmente aquela que desde 1937 mantém num dos mais ouvidos programas radiofônicos dos Estados Unidos. Milhares de consultas chegam-lhe diariamente de todos os recantos do Mundo. E milhões de pessoas já lhe agradeceram os conselhos e sugestões que as levaram a reencontrar a felicidade perdida.

★

EDITORA CULTRIX

Outras obras de interesse:

GUIA PARA O CONHECIMENTO DE SI MESMO
Angela Maria La Sala Batà

A ALEGRIA DE SER VOCÊ MESMO
Darío Lostado

A AVENTURA DA AUTODESCOBERTA - Usando Mitos, Símbolos e Imagens que Revelam a sua Vida Interior
Alexandra Collins Dickerman

O CAMINHO DA AUTOTRANSFORMAÇÃO
Eva Pierrakos

COMO PASSAR SUA VIDA A LIMPO
Marisa Thame e *Kani Comstock*

COMO SUPERAR NOSSAS BARREIRAS
Will Parfitt

O CRESCIMENTO ATRAVÉS DA CRISE PESSOAL
Harmon Hartzell Bro e *June Avis Bro*

JORNADA RUMO À CONSCIÊNCIA
Charles Breaux

REFLEXOS DA ALMA - Projeção e Recolhimento Interior na Psicologia de C.G. Jung
Marie-Louise von Franz

O QUE É INTUIÇÃO e como aplicá-la na vida diária
Philip Goldberg

IMAGINAÇÃO ATIVA
Serge King

AS SETE ETAPAS DE UMA TRANSFORMAÇÃO CONSCIENTE
Gloria D. Karpinski

VIDA ATIVA - Nossa jornada num mundo de criatividade, espiritualidade e ação
Parker J. Palmer

VIVENDO E APRENDENDO
Ken Keyes, Jr. com *Penny Keyes*

O PODER PESSOAL ATRAVÉS DA CONSCIÊNCIA
Sanaya Roman (Canalizado por *Orin*)